मुश्किल दौर में आगे बढ़ने के 7 रहस्य

विली जॉली

अनुवाद : डॉ. सुधीर दीक्षित

MANJUL
मंजुल पब्लिशिंग हाउस

MANJUL
मंजुल पब्लिशिंग हाउस
कॉरपोरेट एवं संपादकीय कार्यालय
• द्वितीय तल, उषा प्रीत कॉम्प्लेक्स, 42 मालवीय नगर, भोपाल-462 003
विक्रय एवं विपणन कार्यालय
• सी-16, सेक्टर 3, नोएडा, उत्तर प्रदेश - 201301, इंडिया
वेबसाइट : www.manjulindia.com
वितरण केन्द्र
अहमदाबाद, बेंगलुरू, भोपाल, कोलकाता, चेन्नई,
हैदराबाद, मुम्बई, नई दिल्ली, पुणे

विली जॉली द्वारा लिखित मूल अंग्रेजी पुस्तक
टर्न सेटबैक्स इन्टू ग्रीनबैक्स का हिन्दी अनुवाद

यह हिन्दी संस्करण 2016 में पहली बार प्रकाशित
चौथी आवृत्ति 2024

ISBN 978-81-8322-726-1

हिन्दी अनुवाद : डॉ. सुधीर दीक्षित

मुद्रण व जिल्दसाज़ी : रेप्रो इंडिया लिमिटेड

समर्पण

मैं यह पुस्तक अपनी संतानों लटोया और विलियम को समर्पित करता हूँ। साथ ही मेरे भाई की संतानों विक्टर, विन्सेंट, राशिदा, विवियन, क्रिस्टीना, नोबल जूनियर और नैथन को, जो उनके पिता (मेरे भाई) के गुज़रने के बाद मेरी संतान बन गए।

मैंने आपमें से प्रत्येक को दौलत बनाने के सिद्धांत सिखाने का सर्वश्रेष्ठ प्रयास किया है। मैं प्रार्थना करता हूँ कि आप उनका इस्तेमाल करेंगे और आने वाली पीढ़ियों को बताने का संकल्प लेंगे!

मैं यह पुस्तक अपने परिवार के उन सदस्यों को भी समर्पित करता हूँ, जो मेरी पिछली पुस्तक के बाद यह संसार छोड़कर जा चुके हैं।
मेरी माँ कैथरीन बी जॉली को, मेरे भाई नोबल जॉली, सीनियर को,
मेरे ससुर रेवरेंड रिवर्स एस टेलर, सीनियर को और
मेरी आंटी युनिस रैगलैंड को...

मैं यह निजी और सार्वजनिक तौर पर कहता हूँ,
"मैं इस बात पर शोक मना सकता हूँ कि आप चले गए हैं,
लेकिन मैं इस बात का जश्न मनाने का चुनाव करता हूँ
कि आप यहाँ आए थे! मैं हमेशा आपसे प्रेम करूँगा!"

विषय-सूची

आभार

मैं अपनी पत्नी डी टेलर-जॉली को धन्यवाद देना चाहता हूँ कि उसने हमेशा मेरा समर्थन किया और मुझे प्रेरणा दी। मैं अपनी संतानों विलियम और लटोया को धन्यवाद देना चाहता हूँ, जो उन्होंने इस प्रोजेक्ट में अपनी राय दी। मैं अपनी मार्केटिंग मैनेजर शेरिल रैगिन को धन्यवाद देना चाहता हूँ, जिन्होंने इस पुस्तक को अंतिम रूप देने और प्रकाशन हेतु तैयार करने में मदद की। इस पुस्तक की अवधारणा पर विचार-विमर्श के दौरान सलाह तथा राय के लिए मैं अपने मास्टरमाइंड ग्रुप के सदस्यों बिल केट्स, स्टीवन गैफ़नी, ज़ेमिरा जोन्स और सूज़ी पॉमेरांत्स को धन्यवाद देना चाहता हूँ। मैं अपनी प्रिय मित्र सैम हॉर्न (www.samhorn.com) को धन्यवाद देना चाहता हूँ; जब साहित्यिक विचारों को आकर्षक अवधारणा में बदलने की बात आती है, तो उनका कोई जवाब नहीं है। जब मैं मंदी के दौर में भी दौलत बनाने में लोगों की मदद करने की अवधारणा पर काम शुरू कर रहा था, तो मैं एक आकर्षक शीर्षक की तलाश में संघर्ष कर रहा था। मैं इस तरह के शीर्षकों पर विचार कर रहा था, जैसे "आर्थिक संकटों को विजयों में कैसे बदलें," "लुढ़कती अर्थव्यवस्था में ऊपर कैसे जाएँ," "कैसे मंदी से गुज़रें और अमीर बनें," और मुश्किल आर्थिक दौर में पैसे बनाने संबंधी कुछ और शीर्षक भी थे। उस समय मैंने एक नेटवर्किंग डिनर में हिस्सा लिया, जो सैम ने अपने कुछ मित्रों के लिए आयोजित किया था और मैंने अपने विचार सामने रखे। वे बोलीं, "विली, आपकी पुस्तक *संकट ही सफलता की नींव है* ने एक नया जुमला शुरू कर दिया है, जिसे पूरे संसार के कई लोग अपनी शब्दावली का आम हिस्सा बना चुके हैं। अपनी पुस्तक और आपके पीबीएस विशेष कार्यक्रम *टर्निंग सेटबैक्स इनटु कमबैक्स* के कारण अब आप सफलता गुरु के रूप में मशहूर हो चुके हैं। लेकिन ऐसा लगता है कि अब आप आर्थिक सफलता के बारे में बात करना चाहते हैं, इसलिए आप संपत्ति पर ध्यान केंद्रित करने जा रहे हैं! *विपत्तियों को संपत्तियों में बदलने का विचार* बहुत ख़ूब है!" मैंने कहा, "सैम, आपकी बात बिलकुल सही है!" मैं सैम हॉर्न की प्रतिभा और इससे दूसरों को लाभ पहुँचाने की इच्छा के लिए उन्हें धन्यवाद देना चाहता हूँ।

प्राक्कथन

मैं ऐसे क़ानून में यक़ीन नहीं करता, जो किसी इंसान को अमीर बनने से रोके;
इससे भलाई कम, नुक़सान ज्यादा होगा।
हालाँकि हम पूँजी पर किसी आक्रमण का प्रस्ताव नहीं रख रहे हैं,
लेकिन हम चाहते हैं कि सबसे निर्धन व्यक्ति को भी बाक़ी हर
एक के साथ अमीर बनने का समान अवसर मिले।

—अब्राहम लिंकन

लिंकन उस बात को समझते थे, जिसे कई लोग नहीं समझते हैं। अमेरिका जैसे सृजनात्मक, पूँजीवादी समाज में कई महत्त्वाकांक्षी और प्रेरित नागरिक अब भी पैसे बचा सकते हैं, फिर निवेश कर सकते हैं, अंततः उद्यमी या पूँजी के मालिक बन सकते हैं और अपनी ख़ुद की दौलत बना सकते हैं।

अमेरिकी सपना जीवित है और स्वस्थ है। आपको अपने सपने को जीने का हक़ है। यही नहीं, यह आपकी ज़िम्मेदारी भी है। जो लोग कहते हैं कि हम एक ऐसे समय में रह रहे हैं, जहाँ कोई अवसर नहीं हैं, वे बस यह नहीं जानते हैं कि कहाँ देखें।

सहायता मिल सकती है और आप इसे इसी वक़्त अपने हाथों में थामे हैं। विली जॉली की सही समय पर आई यह ज्ञानवर्धक पुस्तक आपके सबसे बुरे डरों के बजाय आपकी सर्वश्रेष्ठ आशाओं को प्रेरित करती है। यह आपकी शंकाओं को नहीं, बल्कि आपके आत्मविश्वास को बढ़ाती है। अंत में, यह पुस्तक ध्यान को वहाँ केंद्रित करती है, जहाँ इसे केंद्रित होना चाहिए - आप इस वक़्त क्या कर सकते हैं, ताकि इसमें दी जानकारी और रणनीतियों पर अमल करने से आपका ख़ुद का आर्थिक भविष्य सुनिश्चित हो जाए।

यह सब इतना अच्छा लगता है कि सच नहीं हो सकता! सतत परिवर्तन और बढ़ती आर्थिक अनिश्चितता के इस युग में यह ख़याली पुलाव है कि आप किसी दूसरे का इंतज़ार करें, जो आपको आपकी मनचाही जीवनशैली और सफलता थमा दे। अपनी संरक्षक परी या अलादीन के चिराग का इंतज़ार करना छोड़ दें! शिकार

मानसिकता के हर विचार को छोड़ दें - आप जिन बाधाओं का सामना करते हैं और जो जवाब आप खोजते हैं, वे दूसरों से नहीं मिल सकते। लचीले और आशावादी कामयाब व्यक्ति बनने के लिए जिस चीज़ की ज़रूरत है, वह आप में है।

आशावाद सकारात्मक सोच के ऐसे मंत्र दोहराने से विकसित नहीं होता कि जीवन कितना बेहतरीन है... जबकि इसका कोई प्रमाण नज़र न आता हो। यह प्रोत्साहक प्रचार नहीं है। शोध दर्शाता है कि आशावाद बाधाओं से उबरने के इतिहास से हासिल होता है। आप जितनी ज़्यादा बाधाओं से उबरते हैं, आपको इस बात का उतना ही ज़्यादा यक़ीन होता है कि आप अगली बाधा से उबर सकते हैं। आशावादी यथार्थवादी होते हैं। वे जानना चाहते हैं कि कौन सी समस्याएँ उनके सामने हैं, क्योंकि उन्हें यक़ीन होता है कि वे उनसे उबर सकते हैं या सफल होने के लिए उनके पास से घूमकर निकल सकते हैं। यह पुस्तक आपको दौलत नहीं देगी; आपको इसे एक बार में एक दिन, एक चयन, एक काम करके कमाना होगा।

जानकारी से समृद्ध यह पुस्तक आपको एक आज़माई हुई राह का नक़्शा देती है। आप आर्थिक योग्यताएँ सीखेंगे, वह योजना और नज़रिये सीखेंगे, जिनकी ज़रूरत आपको अपना सपना साकार करने के लिए होगी। आप सीखेंगे कि निराशावाद के इस युग में आशा को जीवित कैसे रखना है। आप सीखेंगे कि विपत्तियों और बाधाओं को वित्तीय अवसरों में बदलते समय बेबसी और कुंठा की भावनाओं की जगह पर लचीलेपन, उपायकुशलता और लगन की भावनाओं को कैसे रखना है।

जिस एकमात्र व्यक्ति पर आपका ज़रा सा भी नियंत्रण है, वह आप ख़ुद हैं। इसलिए चिंता में समय बर्बाद करने के बजाय इसका निवेश सृजनात्मक कार्ययोजना में करने में व्यस्त हो जाएँ, एक बार में एक-एक दिन। हर सफल उद्यमी आपको बता देगा कि दौलत की यात्रा बंद दरवाज़ों, संकटों, असफलताओं और राह में सफलता हासिल करने की संतुष्टिदायक ख़ुशी से भरी होती है। किसी को भी ऐसा न करने दें कि वह आपको शिकार बनाए। आप एक लचीले कामयाब व्यक्ति हैं, जो अपना सपना जीने का चुनाव कर रहा है। दौलत आपका प्राथमिक लक्ष्य नहीं होना चाहिए; यह तो आपकी प्रतिभाओं को रूपांतरित करने और किसी उद्‌देश्य से विचारों का नवाचार करने का सह-उत्पाद है, जो ऐसा फ़र्क़ डालता है कि लोग उसके लिए पैसे देने के लिए तैयार रहते हैं। जब आप अपनी प्रतिभाएँ खोज लेते हैं, अपने उद्‌देश्य को पहचान लेते हैं, अपने प्रयासों को केंद्रित कर लेते हैं और एक सकारात्मक नज़रिये का दावा करते हैं, तो दौलत और सार्थकता क़रीब ही होंगी!

मैंने वक्ता और प्रेरक व्यक्ति के रूप में विली जॉली को सक्रिय देखा है। उनकी सलाह और सहज बोध वाला ज्ञान उतना ही जीवंत है, जितना कि शक्तिदायक है। वे

वहाँ रहे हैं, जहाँ आप हैं और उन्होंने एक के बाद दूसरी सफलता की ओर अपनी ख़ुद की यात्रा की है। अब वे राह में सीखे सबक़ आपको भी सिखाने को तैयार हैं।

विली जॉली केवल जानकारी व ऊर्जा ही नहीं देते हैं; वे ऐसे तरीक़ों से संप्रेषण करते हैं, जिन्हें लोग समझ और सराह सकें। उनकी पुस्तक कुछ बातें रेखांकित करती है, जिनका इस्तेमाल करने को मैं बेताब हूँ :

- बुरे दौर आए हैं और गुज़र जाएँगे; वे रुकने के लिए नहीं... बल्कि गुज़रने के लिए आए हैं!
- पराजित मानसिकता दूसरों के लिए छोड़ दें - अगर 10 प्रतिशत लोग बेरोज़गार हैं, तो 90 प्रतिशत लोग काम कर रहे हैं। पराजितों के बजाय विजेताओं में से एक बनें।
- वह न करें जो आरामदेह है - वह करें जो आवश्यक है।
- प्रोएक्टिव बनें - उठें और काम में जुट जाएँ!
- सफलता आपके पास नहीं आएगी - लोगों के सामने अपने व्यवसाय, अपने प्रॉडक्ट्स और अपनी सेवाओं का प्रचार तथा मार्केटिंग करें।
- प्रार्थना करने के बाद अपने पैर हिलाएँ, ताकि ईश्वर के पास कुछ काम करने के लिए रहे!

अपने सपने सच करने के लिए बस इसकी ज़रूरत होती है कि आप ख़ुद के लिए उनका दावा करें। कोई बेहतर चीज़ करें, जिसकी लागत कम हो। इसे बेहतर या ज़्यादा तेज़ करें। नवाचार करें और एक क़दम बढ़ाएँ। अगर शुरुआती प्रयास असफल हो जाएँ, तो उठें और नए विकल्प चुनें... और सफल हों। आप कैसे शुरू करें? अगर आपको पक्का पता नहीं है कि पहले क्या करना है, तो सबसे पहले उठें और एक बहुत ही आसान चीज़ से शुरुआत करें... इस पुस्तक को पढ़ें! वैसे जब आप अंततः सफल हो जाएँ, तो विली को लिखकर बता दें कि आपके सपने को साकार करने में आपके लिए क्या कारगर रहा। वे आपकी कहानी का इस्तेमाल अपने प्रेरक मिनट संदेश में कर सकते हैं। आप उनकी अगली पुस्तक में अपने बारे में भी पढ़ सकते हैं।

तो विली जॉली की यह पुस्तक पढ़ डालें और एक बार में एक-एक दिन करके अपनी चिंताओं को लाभकारी अवसरों में बदलने में जुट जाएँ। इसे सिर्फ़ एक बार ही न पढ़ें; इसके उन हिस्सों को बार-बार पढ़ें, जो आपको अपने लिए उपयुक्त लगते हैं और सीखी गई बातें दूसरों को भी बताएँ। अंत में, इस ज्ञान को कर्म में बदलकर अपनी ज़िंदगी बदलें और लेखक को सबसे बड़ी प्रशस्ति दें!

याद रखें, आपके आर्थिक स्वप्नों को साकार करना आपका अवसर भी है और ज़िम्मेदारी भी।

—**टेरी पॉलसन**, पीएच.डी, पेशेवर वक्ता, राष्ट्रीय स्तंभकार और *द ऑप्टिमिज़्म एडवांटेज : 50 सिम्पल ट्रुथ्स टु ट्रांसफ़ॉर्म युअर एटीट्यूड्स ऐंड एक्शन्स इनटु रिज़ल्ट्स* के लेखक हैं।

आमुख

2008 की वैश्विक मंदी के बीच एक दिन मैं टेलीविज़न देख रहा था। मैंने एक युवक की ख़बर देखी, जिसकी नौकरी चली गई थी और पैसा ख़त्म हो गया था। उसने अपना सब कुछ गँवा दिया था और उसने अपने जीवन का अंत करने का दुर्भाग्यपूर्ण निर्णय ले लिया। उसने एक अस्थायी समस्या की वजह से एक स्थायी निर्णय ले लिया। उसने एक अस्थायी समस्या की वजह से अपनी जान ले ली और यह एक ऐसा निर्णय था, जिसे बदला नहीं जा सकता था। मैं चीख़ा और टेलीविजन की तरफ़ देखकर चिल्लाया, "नहीं! दूसरे विकल्प हैं!"

उस ख़बर के अगले कुछ दिनों में मैंने कई और कहानियाँ सुनीं कि लोग अपने भविष्य के बारे में बुरे निर्णय ले रहे हैं और यह सब पैसे की तंगी की वजह से हो रहा है। मुझे अहसास हुआ कि मुझे कुछ करना चाहिए और तुरंत करना चाहिए, ताकि लोग अपने आर्थिक संकटों को अलग दृष्टिकोण से, एक सकारात्मक दृष्टिकोण से देखें! मैं जानता था कि मुझे लोगों को कुछ आशा देनी चाहिए, ऐसे दौर में भी, जो उन्हें नाउम्मीद लग रहा था। मैं जानता था कि मेरे पास कुछ जानकारी थी, जो न सिर्फ़ आशा पाने में उनकी मदद कर सकती थी, बल्कि उनकी वित्तीय निराशा के समाधान खोजने में भी उनकी मदद कर सकती थी।

मैंने तुरंत प्रकाशन उद्योग के अपने कुछ मित्रों से संपर्क किया और उनसे पूछा कि क्या वे एक नई पुस्तक के लिए अपनी प्रकाशन तिथियाँ बदलने को तैयार हैं। मुझे सुखद आश्चर्य हुआ, जब मुझे तुरंत "हाँ" सुनने को मिला। मैं तुरंत पांडुलिपि पूरी करने में जुट गया और इसे रिकॉर्डतोड़ समय में उन तक पहुँचा दिया। उस बातचीत के छह महीनों के भीतर पुस्तक प्रकाशित हो चुकी थी, बुकस्टोर्स में पहुँच चुकी थी और धड़ाधड़ बिकने लगी थी। यह जल्दी ही कई बेस्टसेलर सूचियों में शामिल हो गई।

जब मंदी थमी और अर्थव्यवस्था सामान्य होने लगी, तो मैंने देखा कि आर्थिक स्थितियों के बारे में डाक में आने वाले पत्रों और ई-मेल्स की संख्या में कोई कमी नहीं आई। लोग अब भी ईमेल करके पूछ रहे थे कि वे अपनी आर्थिक स्थिति बेहतर कैसे बनाएँ। लोगों के पास अब भी पैसे संबंधी समस्याएँ थीं, आर्थिक संकट थे और उन्हें मदद की ज़रूरत थी। मैंने सीखा कि हालाँकि वैश्विक अर्थव्यवस्था बेहतर हो गई थी, लेकिन इसका मतलब यह नहीं था कि इससे लोगों की निजी आर्थिक स्थिति

बेहतर हो गई थी। इसलिए मैंने इस पुस्तक का एक अद्यतन, पुनरीक्षित संस्करण बनाने का निर्णय लिया, ताकि आर्थिक विपत्तियों से जूझने वाले लोगों को मदद मिल सके, चाहे वे किसी भी कारण से उस विपत्ति में फँसे हों। यह पुनरीक्षित संस्करण इसलिए तैयार किया गया है, ताकि आप अपनी आर्थिक विपत्तियों को भारी आर्थिक संपत्तियों में बदल सकें! वास्तव में यह पुस्तक ख़ास तौर पर इसीलिए तैयार की गई है, ताकि आप अपनी आर्थिक विपत्तियों को संपत्तियों में बदल लें!

धन मायने रखता है

अगर आपके पास आर्थिक चुनौतियाँ रही हैं - आपकी नौकरी चली गई है, आपका घर या बचत चली गई है - और इस वजह से आपको लगता है कि आप अपना मानसिक संतुलन खोने वाले हैं, तो यह पुस्तक आपकी मदद कर सकती है! दूसरी ओर, अगर आपके सामने अब तक कोई आर्थिक चुनौती नहीं आई है, तब भी मैं आपको निश्चित रूप से यह पुस्तक पढ़ने की सलाह देता हूँ, क्योंकि अगर आप पर्याप्त लंबा जिएँगे, तो आपके जीवन में अंततः कुछ आर्थिक विपत्तियाँ अवश्य आएँगी।

मैं बताना चाहता हूँ कि यह पुस्तक पैसे के बारे में है! पैसा हमारी दैनिक गतिविधियों में एक बड़ी भूमिका निभाता है - हम क्या खाते हैं, हम कहाँ सोते हैं और हमारे जीवन में आराम का स्तर क्या है आदि। पैसा महत्त्वपूर्ण है। कुछ लोग कहते हैं कि पैसा ही संसार को इसकी धुरी पर चलाता है। मैं सहमत हूँ कि पैसा पूरे संसार में चीज़ें कराता है और पैसा मायने रखता है! चूँकि पैसा मायने रखता है, इसलिए हम इसके बारे में बात कर सकते हैं और पैसे के बारे में एक स्वस्थ दृष्टिकोण विकसित करने में लोगों की मदद कर सकते हैं। हम लोगों को बता सकते हैं कि वे अपनी समृद्धि कैसे बढ़ाएँ, मुश्किल आर्थिक दौर में भी। हमें दौलत के बारे में बात करने की ज़रूरत है। हमें इस बारे में बात करने की ज़रूरत है कि अपनी विपत्तियों को संपत्तियों में बदलना क्यों महत्त्वपूर्ण है!

भूमिका

"पैसा, पैसा, पैसा, पैसा... पैसा!" ये शब्द ओ'जेज़ के *फ़ॉर द लव ऑफ़ मनी* हिट गीत से लिए गए हैं। यह गीत 1970 के दशक में भारी लोकप्रिय हुआ था और आज भी लोकप्रिय है। वास्तव में यह गीत मशहूर शो *द अप्रेंटिस* की शुरुआती धुन के रूप में चुना गया, जिसमें प्रतिस्पर्धी डोनाल्ड ट्रम्प के साथ बहुत सा पैसा बनाने की उम्मीद में आपस में प्रतिस्पर्धा करते थे। आइए सच का सामना करते हैं, पैसा लोकप्रिय संगीत और मास मीडिया का लोकप्रिय विषय है और धन संबंधी बहुत से शो हैं, जैसे *फ़ास्ट मनी, मैड मनी, हू वान्ट्स टु बी अ मिलियनेअर* और *हू वान्ट्स टु मैरी अ मिलियनेअर?* पैसे के बारे में - इसे बनाने, इसे बचाने, इसका निवेश करने आदि-इत्यादि - के बारे में पूरी तरह समर्पित पत्रिकाएँ और अख़बार हैं। पैसा हमारी वैश्विक संस्कृति का काफ़ी बड़ा हिस्सा है।

लेकिन हम सभी ने यह कहावत सुनी है, "पैसा सब कुछ नहीं है!" इस बारे में मैं कहना चाहता हूँ कि मैं सहमत हूँ, पैसा सब कुछ नहीं है, *लेकिन...* पैसा यक़ीनन एक अहम चीज़ है - एक बहुत ही अहम चीज़! जब समय मुश्किल होता है, तो हमारे जीवन के आवश्यक हिस्से के रूप में पैसे की भूमिका और ज़्यादा स्पष्ट हो जाती है। पैसा महत्त्वपूर्ण है, इसलिए हमें इसके बारे में बात करनी चाहिए और हमें पैसा उत्पन्न करने तथा इसके प्रबंधन की योग्यताएँ निखारनी चाहिए।

क्या पैसे के बारे में बात करना वाक़ई ज़रूरी है?

इतने वर्षों में कभी-कभार कोई न कोई व्यक्ति भाषण के बाद मेरे पास आया है और उसने मुझसे पूछा है कि मैं पैसे के बारे में बात क्यों करता हूँ। वे कहते हैं कि जीवन सिर्फ़ पैसे तक ही सीमित नहीं है। मेरा जवाब हमेशा वही रहता है : मैं इस बात से पूरी तरह सहमत हूँ! जीवन पैसे से बढ़कर है।

मैंने यह बात अपनी पहले की पुस्तकों में भी कही है और मैं इसे यहाँ एक बार फिर कहना चाहूँगा : पैसा प्रेरणा देने वाला प्रबल साधन है, यह एक शक्तिशाली प्रेरक है! पैसा लोगों को ज़्यादा जल्दी उठने और ज़्यादा देर तक रुके रहने के लिए प्रेरित करता है। पैसा लोगों को वहाँ जाने के लिए प्रेरित करता है, जहाँ वे नहीं जाना चाहते और ऐसी चीज़ें करने के लिए प्रेरित करता है, जिन्हें वे नहीं करना

चाहते। पैसा लोगों से ऐसे काम कराता है, जिनसे वे नफ़रत करते हैं, लेकिन यह उन्हें बार-बार जुटे रहने के लिए प्रेरित करता है। लेकिन यह ध्यान रखें कि पैसा सबसे शक्तिशाली प्रेरक नहीं है! मैं मानता हूँ कि पैसा एक शक्तिशाली प्रेरक है, लेकिन प्रेम उससे कहीं ज़्यादा शक्तिशाली है। मैं आपसे कहता हूँ कि आप रुकें और नीचे दिए परिदृश्य में मेरे साथ गुज़रें।

मान लें, कोई आकर आपसे कहता है कि आप 100 फ़ुट लंबे और 2 फ़ुट चौड़े पटिये पर चलें, तो इसके बदले में वह आपको 1,000 डॉलर देगा। पटिया ज़मीन पर रखा है और आपको तो बस उस पर एक छोर से दूसरे छोर तक चलना है। क्या आप 1,000 डॉलर के लिए उस पटिये पर चलेंगे? उम्मीद है कि आपका जवाब "हाँ" होगा, क्योंकि यह आसानी से मिल रहे 1,000 डॉलर हैं। अब मान लें कि वही व्यक्ति उसी पटिये को 100 मंज़िला अट्टालिका की छत पर ले जाता है। (मुझे 1,000 डॉलर के नोट पर एक ईंट रख देनी चाहिए, ताकि यह इतनी ऊँचाई पर चलने वाली हवा से उड़ न जाए)। क्या आप अब भी 1,000 डॉलर के लिए ज़मीन से 100 मंज़िल ऊपर पटिये के एक छोर से दूसरे छोर तक चलेंगे? मैं जिन लोगों से पूछता हूँ, उनमें से ज़्यादातर का जवाब होता है, "नहीं!"

अब ठहरें और पल भर के लिए किसी ऐसे व्यक्ति के बारे में सोचें, जिससे आप प्रेम करते हों, शायद माता-पिता या संतान या भाई-बहन या आपका सबसे अच्छा मित्र। अब कल्पना करें कि जो व्यक्ति आपको पटिये पर चलाना चाहता है, वह सौवीं मंज़िल पर आपके प्रिय व्यक्ति को अट्टालिकाओं के बीच रखे पटिये के दूसरे छोर पर थामे हुए है। वह आपसे कहता है कि अगर आप पटिये पर नहीं चलेंगे, तो वह आपके प्रिय व्यक्ति को इमारत से नीचे फेंक देगा। क्या अब आप उस पटिये पर चलना चाहेंगे? मैं जिन लोगों से पूछता हूँ, उनमें से ज़्यादातर कहते हैं, "हाँ, बिना किसी शक के, हाँ!" देखिए, लोग पैसे की ख़ातिर जितना करेंगे, प्रेम की ख़ातिर उससे ज़्यादा करेंगे। पैसा महत्त्वपूर्ण है, लेकिन यह सब कुछ नहीं है।

जीवन परिवार और मित्रों और धर्म के बारे में है, लेकिन जब हमारे पास पैसा कम होता है, तो हमारे दिमाग़ पर चिंता और तनाव का बोझ आ जाता है। ज़्यादातर लोगों के लिए पैसा महत्त्वपूर्ण तो होता है, लेकिन हम सामान्यतः इस पर अपना पूरा ध्यान केंद्रित नहीं करते हैं। लेकिन जब हम तंगी की हालत में पहुँच जाते हैं, तो यह इतनी बड़ी चीज़ और इतना बड़ा मुद्दा बन जाता है कि यह हमारी सोच को चिंता से भर देता है।

मैंने ग़ौर किया है कि जो लोग आम तौर पर कहते हैं कि पैसा महत्त्वपूर्ण नहीं है, उनके पास या तो पैसा होता है या फिर कम से कम वे इतना जानते हैं कि उनके अगले भोजन की व्यवस्था कहाँ से होने वाली है और उन्हें अपना घर गँवाने

का कोई डर नहीं होता। लेकिन अगर आपके पास भोजन के लिए पैसे नहीं हैं और आप डर रहे हैं कि आप कहाँ सोएँगे, तब पैसा बहुत बड़ा मुद्‌दा बन जाता है। जो लोग पैसे की सचमुच परवाह नहीं करते हैं, उन्होंने या तो ग़रीबी की क़सम खा रखी है या फिर उनका धर्मशास्त्र कहता है कि ग़रीबी में ही धर्मनिष्ठा है। बहरहाल, मुझे ऐसी प्रतिक्रिया इक्का-दुक्का लोगों से ही मिलती है। अपने व्याख्यान के बाद मैं जिन लोगों से बात करता हूँ, उनमें से लगभग 98 प्रतिशत अपनी आमदनी बढ़ाने के तरीक़े खोज रहे हैं, ताकि उनके परिवार का जीवन बेहतर हो जाए या फिर वे ज़्यादा आमदनी कमाने के विचारों की तलाश इसलिए कर रहे हैं, ताकि वे ज़्यादा दान दे सकें।

मैं सीधे-सीधे कहना चाहता हूँ कि इस पुस्तक में मैं पैसे के बारे में बात करूँगा और यह भी कि आप ज़्यादा पैसे कैसे कमा सकते हैं, मुश्किल आर्थिक समय में भी। मैं इस सत्य के बारे में बात करना चाहता हूँ कि पैसा हमारे समाज का एक महत्त्वपूर्ण और आवश्यक हिस्सा है। कुछ लोग सोचते हैं कि पैसा महत्त्वपूर्ण नहीं है और सार्वजनिक रूप से इसके बारे में बातचीत करना अच्छा नहीं है। बाक़ी सोचते हैं कि पैसा बुरा है और "सारी बुराई की जड़" है; लेकिन *बाइबल* में दरअसल यह कहा गया है, "पैसे का प्रेम ही सारी बुराई की जड़ है।" यह तब होता है, जब आप पैसे को अपना भगवान बना लेते हैं और यह एक भयंकर मालिक साबित होता है। पैसा होना आम तौर पर समस्या नहीं है; समस्या तो तब होती है, जब पैसा आपको अपनी गिरफ़्त में ले लेता है!

अगर पैसे का प्रेम सारी बुराई की जड़ है, तो पैसे की कमी वह वजह है, जिससे बुराई का यह वृक्ष उगता और अंकुरित होता है। मुश्किल आर्थिक दौर में हम दरअसल यह देख सकते हैं कि पैसा - और इसका अभाव - कैसे लोगों में भारी चिंता और डर उत्पन्न कर सकता है और उनसे भयानक चीज़ें करा सकता है। जब पैसे की तंगी हो जाती है, तो यह आपके जीवन और जीवनशैली के हर हिस्से को स्पर्श करती है। इसके अलावा जब किसी समुदाय में पैसे की तंगी हो जाती है, तो इसका प्रभाव समुदाय और संस्कृति के हर हिस्से पर पड़ता है। लोग अपने मनोरंजन पर कम ख़र्च करते हैं, अपने चर्च में कम दान देते हैं आदि। कोई भी आर्थिक संकट के डंक से अछूता नहीं रहता। जब लोगों के पास पैसा नहीं होता या वे अपने पास के पैसे को ख़र्च करने से डरने लगते हैं, तो इससे अर्थव्यवस्थाएँ और राष्ट्र घुटने टेक सकते हैं। मुश्किल समय में खालें उतर जाती हैं और वे भेड़िये उजागर हो जाते हैं, जो अच्छे समय के दौरान भेड़ के वेश में छिपे रहते हैं। बर्नी मैडॉफ़ भेड़ के वेश में छिपे भेड़िये का आदर्श उदाहरण है। वह उन हज़ारों मेहनती लोगों की जीवन भर की बचत के साथ "चंपत" हो गया, जिन्होंने उसके भरोसे अपने पास की हर चीज़ का निवेश कर दिया था। जैसा अब हम सब जानते हैं, मैडॉफ़ इतिहास की सबसे

बड़ी पॉन्ज़ी यानी धोखाधड़ी की योजना चला रहा था।

मुश्किल दौर में लोग डर जाते हैं और पैसा ख़र्च करना छोड़ देते हैं। जब लोग घर और कार जैसी चीज़ों पर पैसे ख़र्च करना बंद कर देते हैं, तो इसका मकान व कार बनाने तथा बेचने वाले कर्मचारियों पर बुरा असर होता है। फलस्वरूप इन लोगों के पास ज़रूरत के नियमित सामान पर ख़र्च करने के लिए कम पैसा रहता है। यह चक्र चलता जाता है और अंततः हर व्यक्ति को प्रभावित कर देता है। पैसे की कमी समाज पर बहुत बुरा असर डाल सकती है। पैसा सब कुछ नहीं है, लेकिन यह जीवन के लिए बहुत महत्त्वपूर्ण है। जैसा रीटा डेवनपोर्ट कहती हैं, "पैसा हर चीज़ नहीं है... लेकिन यह साँस लेने के बहुत क़रीब है!"

कई बार मुश्किल आर्थिक दौर का विश्व की अर्थव्यवस्था से कोई संबंध नहीं होता, बल्कि आपकी व्यक्तिगत अर्थव्यवस्था से होता है। दूसरे शब्दों में, ऐसे दौर आ सकते हैं जब अर्थव्यवस्था तो स्वस्थ होती है, लेकिन आप रास्ते में किसी बाधा से टकरा जाते हैं और आपको व्यक्तिगत आर्थिक स्थिति को बेहतर बनाने की ज़रूरत होती है। आपके पास ढेर सारा पैसा हो या आप पैसे की कमी का अनुभव कर रहे हों, ये स्थितियाँ आपके तनाव, स्वास्थ्य और परोपकार के स्तर में एक बड़ी भूमिका निभा सकती हैं।

दौलतमंद बनना क्यों महत्त्वपूर्ण है?

धन ख़ुशी नहीं ख़रीद सकता, लेकिन निर्धनता भी नहीं ख़रीद सकती।

—लियो रॉस्टन

व्यक्तिगत दौलत बनाना क्यों महत्त्वपूर्ण है? क्योंकि दिल ही दिल में ज़्यादातर लोग यही सोचते रहते हैं कि वे ज़्यादा पैसे कैसे बना सकते हैं, लेकिन सिर्फ़ चंद लोग ही जानते हैं कि क्यों। इससे भी कम लोग दौलत हासिल करने में जुटने के लिए इस प्रश्न से परे जाते हैं। अगर यह सवाल पूछा जाए, "करोड़पति कौन बनना चाहता है?", तो ज़्यादातर लोग कहेंगे, "मैं!" सकारात्मक जवाब देने वाले लोग दरअसल करोड़पति बनना तो चाहते हैं, लेकिन बहुत कम ही दरअसल ऐसा कर पाते हैं, क्योंकि उनके मन में दौलत का संबंध आलीशान जीवन और फिजूलख़र्ची से है, व्यावहारिक दिन-प्रति-दिन के जीवन से नहीं है। इसके विपरीत, मैं कहता हूँ कि दौलत का संबंध फिजूलख़र्ची से और विलासिता की गोद में रहने से नहीं है, बल्कि इसका संबंध तो ऐसा जीवन जीने से है, जो आपको और आपके प्रियजनों को स्वास्थ्य तथा दीर्घायु के सर्वश्रेष्ठ अवसर प्रदान करे। ज़्यादातर लोग दौलतमंद बनना चाहते हैं, लेकिन बहुत कम ने यह निर्णय लिया है कि दौलतमंद बनना

महत्त्वपूर्ण है। मैं कहता हूँ कि दौलतमंद बनना महत्त्वपूर्ण है! क्यों? क्योंकि पैसा आपको विकल्प देता है।

पैसा जीवन के कई अहम पहलुओं में विकल्प देता है, जिनमें आवास, चिकित्सा सुविधा और शिक्षा शामिल हैं। जब मैं व्याख्यान देने के लिए पूरे संसार की यात्रा करता हूँ, तो मुझे अक्सर ऐसे लोग मिलते हैं, जो कहते हैं कि वे ज़्यादा पैसे चाहते हैं, लेकिन उन्होंने अभी तक अतिरिक्त आमदनी कमाने के लिए आवश्यक क़दम उठाने का निर्णय नहीं लिया है। ये लोग यह नहीं समझते हैं कि पैसा दीर्घायु बनाता है, क्योंकि पैसे की कमी का आपकी मानसिक शांति और आपके तनाव के स्तर पर विपरीत प्रभाव पड़ सकता है। आँकड़े दर्शाते हैं कि रोकथाम की स्वास्थ्य योजनाओं, व्यायाम योजनाओं और पर्याप्त स्वास्थ्य सुविधाओं के अभाव के कारण ग़रीबों का जीवनकाल कम होता है।

कुछ साल पहले मैंने एक छोटे लड़के के बारे में एक कहानी सुनी, जिसके पैर पर अजीब सी सूजन आ गई थी। उसकी माँ उसे डॉक्टर के पास ले गई। डॉक्टर ने जाँच करने के बाद कहा कि लड़के को एक दुर्लभ बीमारी हो गई थी। डॉक्टर की सलाह थी कि लड़के का पैर घुटने पर से काट देना चाहिए।

यह सुनकर माँ के होश उड़ गए। उसने डॉक्टर को बताया कि वह लड़का बहुत कुशल फ़ुटबॉल खिलाड़ी है। वह सोचने लगी कि क्या दूसरे विकल्प उपलब्ध हैं। जब डॉक्टर ने जवाब दिया कि पैर काटना ही बीमारी से निबटने का सबसे प्रभावी तरीक़ा है, तो माँ ने पूछा कि क्या वह किसी दूसरे डॉक्टर से परामर्श ले सकती है। उसे हॉल के पार दूसरे डॉक्टर के पास भेज दिया गया।

दूसरे डॉक्टर ने चार्ट देखा और उसका निष्कर्ष भी यही था कि घुटने पर से पैर काटना ही स्थिति को सँभालने का सबसे प्रभावी तरीक़ा था। माँ ने एक बार फिर ऐलान किया कि वह लड़का होनहार खिलाड़ी था और उसे दौड़ना तथा खेल खेलना बहुत पसंद था। माँ ने आशा जताई कि शायद पैर काटने के अलावा दूसरे विकल्प भी होंगे। डॉक्टर ने कंधे उचकाकर कहा, "माफ़ करें, लेकिन यही स्थिति से निबटने का सबसे प्रभावी तरीक़ा है।"

फिर माँ ने शोध शुरू किया। उसे पता चला कि यह बीमारी गंभीर तो थी, लेकिन जानलेवा नहीं थी। उसे यह भी पता चला कि पैर काटना ही एकमात्र विकल्प नहीं था। वह इस बारे में एक और डॉक्टर से राय लेना चाहती थी, लेकिन उसे बताया गया कि उसकी चिकित्सा योजना में एक बीमारी के लिए सिर्फ़ दो डॉक्टरों को दिखाने का प्रावधान था। माँ ने फ़ोन वाली महिला से कहा, "मैं आपकी स्पष्टवादिता की सराहना करती हूँ, लेकिन मेरे पास बैंक में थोड़ा पैसा है, इसलिए मैं अपने दम पर दूसरे विकल्पों की जाँच करूँगी।"

माँ ने इंटरनेट पर तलाश की और उसे बाल्टीमोर, मैरीलैंड में एक विशेषज्ञ मिल गया। उसने विशेषज्ञ के ऑफ़िस से संपर्क करके एक अपॉइंटमेंट ले लिया। उस महिला की चिकित्सा योजना में यह विशेषज्ञ शामिल नहीं था, इसलिए महिला को उसकी फ़ीस अपनी जेब से देनी पड़ी। उसने ख़ुद को याद दिलाया, "मेरे पास थोड़ा पैसा है, इसलिए मैं इस अपॉइंटमेंट के लिए पैसे दूँगी।" वह और उसका बेटा बाल्टीमोर जाने वाले विमान में बैठ गए और विशेषज्ञ ने छोटे लड़के की काफ़ी समय तक जाँच की। अपनी जाँच पूरी करने के बाद उन्होंने आख़िरकार कहा, "मुझे यक़ीन है आपको यह बताया गया होगा कि पैर काटना इस समस्या से निबटने का सबसे अच्छा तरीक़ा है, लेकिन मैं इससे सहमत नहीं हूँ। यह समस्या से निबटने का सबसे प्रभावी या सबसे सस्ता तरीक़ा ज़रूर है, लेकिन यह समस्या से निबटने का एकमात्र या सबसे अच्छा तरीक़ा नहीं है।" उन्होंने आगे कहा, "मैं आपके बेटे का पैर बचा सकता हूँ। यह सस्ता नहीं होगा, लेकिन मैं उसका पैर बचा सकता हूँ।" डॉक्टर ने बाद में उपचार करके उस छोटे लड़के का पैर बचा लिया। यह इस बात का उदाहरण है कि हालाँकि पैसा *सब कुछ* नहीं होता, लेकिन यह आपको विकल्प देता है।

इससे एक थोड़ा रोचक प्रश्न उठता है : हम पैसे की कमी की चिंताओं से कैसे निबट सकते हैं? जवाब इस पुस्तक में आगे दिया गया है... केवल मुश्किल आर्थिक स्थितियों से बचना ही काफ़ी नहीं है; समृद्ध बनें। यह सही है, *समृद्ध बनें!* मैं आपको एक ऐसी यात्रा पर ले जाऊँगा, जो यह उजागर कर देगी कि आर्थिक और मानसिक दोनों दृष्टियों से आर्थिक मंदियों से कैसे निबटें। इसमें यह भी बताया जाएगा कि आप जिन आर्थिक स्थितियों का सामना कर रहे हैं, उनमें अपने वित्तीय डरों से उबरने और जीतने के लिए आपको किन चीज़ों की ज़रूरत होगी। इससे दौलत के बारे में विजेता का नज़रिया बनाने में मदद मिलेगी।

मैंने पैसे और इसके बारे में हमारे नज़रिये का ज़िक्र इसलिए किया, क्योंकि हमारे नज़रिये का इस बात पर बड़ा प्रभाव पड़ता है कि हम पैसे से कैसे पेश आते हैं, ख़ास तौर पर मुश्किल समय में। मुश्किल आर्थिक दौर की निराशा और हताशा से खिन्न होने तथा पूरी तरह पराजित होने के लिए लोगों को आर्थिक मंदी की ज़रूरत भी नहीं होती। बहरहाल, हम आर्थिक विपत्ति को एक लाभ में बदल सकते हैं और ख़ुद को भारी सफलता तथा दौलत की स्थिति में ला सकते हैं। अब समय आ गया है कि आप भी दौलतमंद बन जाएँ!

व्यापारिक मंदी, आर्थिक मंदी, आर्थिक गिरावट या तंगी और पैसे कम महीने के दिन ज़्यादा होना, इस सबका एक ही मतलब होता है : हमें पैसे की ज़रूरत है! पैसा महत्त्वपूर्ण है और ज़्यादातर लोगों को सिर्फ़ पैसे की ही ज़रूरत नहीं है, उन्हें

बहुत ज़्यादा पैसों की ज़रूरत है - ख़ास तौर पर अगर उनके बच्चे हैं। तो आपको बहुत से पैसों की ज़रूरत है!

मेरे जीवन में एक ऐसा समय था, जब मैंने कहा था, "पैसा महत्त्वपूर्ण नहीं है, सचमुच महत्त्वपूर्ण तो मित्रों और परिवार वालों का प्रेम है!" मैंने इतने बरसों में सीखा है कि मैं तब आधा सही था। अंततः मित्रों और परिवार वालों का प्रेम सबसे महत्त्वपूर्ण होता है। हम सभी जानते हैं कि जब हमारे आख़िरी दिनों की बात आती है, तो हम अपने पास के पैसों के बारे में नहीं सोचेंगे, बल्कि मित्रों और परिवार वालों के प्रेम के बारे में सोचेंगे। लेकिन पैसों के बिना आख़िरी दिन हमारे अनुमान से बहुत जल्दी आ सकता है। पैसे होने से लंबे जीवन की गारंटी नहीं मिल जाती है, लेकिन आँकड़े साफ़ दर्शाते हैं कि संपन्न लोग निर्धन लोगों से ज़्यादा लंबा जीते हैं।

अपनी पहले की पुस्तकों में मैंने मित्रों और परिवार वालों के महत्त्व पर बात की है और यह बताया है कि आपको उन संबंधों को कैसे पोषण देना चाहिए, क्योंकि दरअसल वे ही आपके जीवन के सबसे अहम हिस्से होने वाले हैं। मैं अब भी यक़ीन करता हूँ कि यह सच है, लेकिन अगर पैसा आपकी महत्त्वपूर्ण चीज़ों की सूची में नहीं है, तो आप संबंधों के धागे पर तनाव डाल देंगे। जब मुश्किल दौर वार करता है और आपके बच्चे होते हैं और भुगतान के लिए बिल होते हैं, तो आपको अहसास हो जाता है कि पैसा बहुत महत्त्वपूर्ण है। मैंने पाया है कि अर्थव्यवस्था जितनी तंग होती है, पैसा उतना ही ज़्यादा केंद्र में आता है, इसलिए आइए यह सीखते हैं कि मुश्किल दौर से कैसे गुज़रें और दौलत की राह पर कैसे पहुँचें।

जैसा पहले बताया जा चुका है, पैसे का विषय हमारी पूरी संस्कृति में रचा-बसा है; हम इससे बच नहीं सकते। पैसा हर जगह है। यह हमारे साहित्य में है, हमारी पत्रिकाओं में है। जैसा मैंने पहले कहा था, एक पत्रिका का नाम ही *मनी मैग्ज़ीन* है। *द वॉल स्ट्रीट जर्नल* जैसे कई अख़बार हैं, जो पैसे और आर्थिक ख़बरों पर केंद्रित होते हैं। मेरी प्रिय पुस्तक *बाइबल* भी, जो सारे समय की बेस्टसेलिंग पुस्तक है, पैसे का उल्लेख 2,300 से ज़्यादा बार करती है। एक्लेज़ियास्ट्स 10:19 के पीटरसन के अनुवाद में लिखा है, "हँसी और रोटी एक साथ चलती हैं और सुरा जीवन को चमक देती है। लेकिन यह पैसा है, जो संसार को इसकी धुरी पर चलाता है!" क्राउन फ़ाइनैंशियल मिनिस्ट्रीज़ के सीईओ हॉवर्ड डेटन के अनुसार ईसा मसीह की 15 प्रतिशत बातें पैसे के बारे में हैं।

बाइबल में ड्यूटरोनॉमी 8:18 में कहा गया है, "और तुम मालिक अपने ईश्वर को याद रखोगे, क्योंकि वही है जो तुम्हें दौलत पाने की शक्ति देता है, ताकि वह अपना वचन पूरा कर सके, जो उसने तुम्हारे पुरखों को दिया था, क्योंकि यह वही दिन है!" इसका मतलब है कि ईश्वर हमें दौलत कमाने की शक्ति और योग्यता देता

है, लेकिन दौलत उसके वचन को पूरा करने के लिए यानी दूसरों की मदद करने के लिए होनी चाहिए। मुझे यक़ीन है कि ईश्वर चाहता है कि उसके बच्चे दौलतमंद बनें और वह दौलतमंद बनने में आपकी मदद करेगा, बशर्ते आप में उस दौलत के अच्छे रखवाले बनने की इच्छा हो और आप अपनी दौलत का समझदारी से इस्तेमाल करने की आदत दिखाएँ।

मेरा लक्ष्य दौलत बनाने और पैसे पाने में आपकी मदद करना है। मैं चाहता हूँ कि आप न सिर्फ़ वित्तीय दौलत हासिल करें, बल्कि अपने व्यक्तिगत और पारिवारिक संबंधों में सफलता भी हासिल करें। मैं आपकी मदद करना चाहता हूँ, ताकि आप अपनी आर्थिक विपत्तियों को रोमांचक सफलताओं में बदल लें - दरअसल अपनी विपत्तियों को संपत्तियों में बदल लें!

इस पुस्तक की मुख्य सामग्री में जाने से पहले मुझे यह ज़रूरी लगता है कि मैं अपने बारे में थोड़ा बता दूँ। मैं एक प्रेरक वक्ता, गायक, रेडियो और टेलीविज़न होस्ट तथा लेखक हूँ। मुझे ऐसी पुस्तकें लिखने और कार्यक्रम बनाने का सौभाग्य मिला है, जो पूरे संसार में बहुत बढ़िया चल रहे हैं। पिछली चौथाई सदी में मैंने इसे मेरा व्यवसाय बना लिया है कि मैं सफलता के बारे में ज़्यादा से ज़्यादा सीखूँ और यह ज्ञान करोड़ों लोगों तक पहुँचाऊँ - भाषणों, पुस्तकों, रेडियो, टेलीविज़न, कॉलम, संगीत, इंटरनेट, ई-मेल और अन्य मंचों के ज़रिये - यहाँ तक कि दैनिक विली जॉली वेक-अप कॉल के माध्यम से भी। मुझे सैकड़ों करोड़पतियों और अरबपतियों के साथ मित्रता करने का अवसर मिला है और मैंने उनसे जीवन तथा सफलता के कमाल के सबक़ सीखे हैं। मैं चाहता हूँ कि आप यह भी जान लें कि हालाँकि यह पुस्तक पैसों और अमीर बनने के बारे में है, लेकिन इस सामग्री का महत्त्व गौण है। इस पुस्तक में मैं जो बुनियादी बात बताऊँगा, वह यह है कि आप व्यक्तिगत रूप से कैसे विकास करें, ताकि यह विकास वित्तीय सफलता और स्थायित्व में प्रकट हो।

मैं ज़ोर देकर कहना चाहता हूँ कि मैं कृतज्ञ हूँ कि मैं एक ऐसे समय में रह रहा हूँ, जिसमें मैं धर्म, परिवार और पैसे के बारे में अपने विचार खुलकर बता सकता हूँ। मैं ज़ोर देकर कहता हूँ कि मैं ईश्वर-समर्थक, परिवार-समर्थक और पूँजीवाद-समर्थक हूँ! मैं ईश्वर को जीवन और उनके दिए भारी वरदानों के लिए धन्यवाद देता हूँ। मैं जिन चीज़ों के लिए कृतज्ञ हूँ, उनमें मेरे धर्म के अलावा परिवार मेरे लिए सबसे अहम है। जब हम जीवन में अपनी बहुत सी ज़िम्मेदारियों से जूझते हैं, तो हमें परिवार की गेंद पर अतिरिक्त विशेष ध्यान देना चाहिए, क्योंकि यह काँच की होती है, जबकि बाक़ी रबड़ की होती हैं। अगर आप दूसरी गेंदों को गिरा देते हैं, तो वे उछल जाएँगी, लेकिन अगर आप परिवार की गेंद को गिरा देते हैं, तो यह चूर-चूर हो सकती है और कई बार तो इसे दोबारा नहीं जोड़ा जा सकता। इसलिए

मेरी सलाह है कि आप परिवार की गेंद की ख़ास परवाह करें, क्योंकि यह क़ीमती और बहुत नाज़ुक होती है।

अंत में, मैं पूँजीवाद के पक्ष में हूँ। मुझे यक़ीन है कि हम एक ऐसे समय और स्थान पर हैं, जहाँ सारी चीज़ें सचमुच संभव हैं और आपकी सोच का स्तर ही अंततः आपके प्रभाव और आपकी आमदनी के स्तर को तय करता है! इसलिए मेरी सलाह है कि आप बड़े सपने देखें, बड़ा सोचें, बड़े काम करें और बड़े तरीक़े से लाभ काटें!

अब जब आप यह जान चुके हैं कि मैं कहाँ खड़ा हूँ, तो आप उसे समझ सकते हैं जो मुझे कहना है और यह भी कि मैं उसे क्यों कह रहा हूँ। अब आप आगे आने वाली जानकारी को ग्रहण कर सकते हैं और ज़्यादा महान अस्तित्व तथा बेहतर जीवन बना सकते हैं! तो आइए आगे बढ़ते हैं! आइए बड़े बनते हैं! आइए इन विपत्तियों को संपत्तियों में बदलते हैं!

प्रस्तावना

विपत्तियों को सफलता में बदलने के रहस्य

हम सभी के जीवन में विपत्तियाँ आएँगी - शायद नहीं, संभवतः नहीं, बल्कि निश्चित रूप से। हम सभी के जीवन में विपत्तियाँ आएँगी। विपत्तियों को संपत्तियों में कैसे बदलें, इस बारे में बात करने से पहले हमें विपत्तियों को सफलता में बदलने की बुनियादी बातों की समीक्षा कर लेनी चाहिए। अपनी पुस्तक *संकट ही सफलता की नींव है* के लिए मैंने उन लोगों से बातचीत की थी, जिनके सामने बहुत बड़े संकट आए थे, लेकिन वे उन्हें अद्‌भुत सफलताओं में बदलने में कामयाब रहे थे। मैंने जिन लोगों के बारे में बात की थी, उनमें से कुछ मशहूर थे, जैसे ली आयाकोका, वैली फ़ेमस एमॉस और लेस ब्राउन। लेकिन वे मशहूर थे... उन लोगों के बारे में क्या, जो हो सकता है उतने मशहूर न रहे हों या जिनके पास बहुत सारा पैसा न रहा हो? क्या ये सिद्धांत उनके लिए भी काम करेंगे? जवाब ज़ोरदार "हाँ!" था। वास्तव में, जिन कहानियों ने मुझे सबसे ज़्यादा प्रेरित किया, वे रोज़मर्रा के उन लोगों की कहानियाँ थीं, जिनके जीवन में विपत्तियाँ आई थीं और जिन्होंने उन्हें भारी सफलता में बदला था।

उस युवक की तरह, जिससे मेरी बातचीत हुई थी। उसका एक छोटा कारोबार और दो छोटे बच्चे थे। वह अपने परिवार का भरण-पोषण करने के लिए जूझ रहा था। अपने व्यवसाय में उसके सामने एक संकट आया, जिसमें वह दिवालिया हो गया। उसने अपना मकान खो दिया और सड़क पर आ गया, लेकिन यह उसकी कहानी का अंत नहीं था। उसने वापसी की! उसने कमाल की वापसी की। उसने आगे चलकर डामार्क नामक कंपनी बनाई, जो अमेरिका की सबसे बड़ी क्रय-विक्रय कंपनियों में से एक है।

या उस महिला के बारे में, जिससे मेरी बातचीत हुई। श्रीमती डोरिस डेबो नवें ग्रेड की गणित की शिक्षक थीं, जिन्हें कैंसर बताया गया और यह कहा गया कि वे कुछ महीने ही ज़िंदा रह पाएँगी। वे यह सुनकर स्तब्ध रह गईं, लेकिन उन्होंने ठान लिया कि वे नहीं मरेंगी। उन्होंने डॉक्टरों से नज़रें मिलाकर कहा, "मैं जल्दी नहीं

मरूँगी। मैं 25 साल और जिऊँगी, क्योंकि मुझे बहुत सारे बच्चों को पढ़ाना है!" मुझे यह कहते हुए ख़ुशी हो रही है कि मैंने उनके साथ उनका 83वाँ जन्मदिन मनाया और जब वे गुज़रीं, तो वे कैंसर से नहीं मरीं (उन्होंने कैंसर को चार बार हराया), इसके बजाय वे बुढ़ापे से मरीं। मैंने उनकी अंत्येष्टि में बोला था। हमने उनके जीवन का जश्न मनाया और यह भी उल्लेख किया कि कैसे उन्होंने कैंसर को हराने का लक्ष्य हासिल किया। डॉक्टरों ने उन्हें छह महीने का समय दिया था, लेकिन वे उसके बाद 25 साल से ज़्यादा समय तक जीवित रहीं। अपनी पुस्तक *संकट ही सफलता की नींव है* में मैंने श्रीमती डेबो का एक शक्तिशाली उद्धरण दिया है। उन्होंने कहा था, "अपनी पुस्तक में लोगों को बताएँ कि हो सकता है कि मुझे कैंसर हो, लेकिन कैंसर ने मुझ पर विजय नहीं पाई है। उन्हें यह भी बता देना कि डॉक्टर आपकी बीमारी बता सकते हैं, लेकिन ईश्वर आपका इलाज बताता है!"

मेरी एक महिला से भी बातचीत हुई, जो कंपनी की सीढ़ी पर ऊपर चढ़ रही थी, लेकिन शिखर पर पहुँचने से पहले ही उसे उम्र की वजह से नौकरी से निकाल दिया गया। कंपनी में इतना ज़्यादा योगदान देने के बाद नौकरी से निकलने पर वह हताश हो गई। लेकिन उसने हिम्मत नहीं हारी। वह लड़ती रही - और अंततः वह वापस लौटी और उसने कंपनी ख़रीद ली!

पूरी पुस्तक में मैंने उन लोगों की एक के बाद एक कहानी बताई थी, जिन पर विपत्तियाँ आई थीं और जिन्होंने उन्हें वापसी में बदला। मैंने सीखा कि सारी कहानियों में एक स्पष्ट साझा सूत्र था। ये चार आम तत्व हैं : भविष्यदृष्टि की शक्ति, निर्णय की शक्ति, कार्य की शक्ति, और इच्छा की शक्ति।

1. अपनी भविष्यदृष्टि केंद्रित करें

जहाँ भविष्यदृष्टि नहीं होती, वहाँ लोग नष्ट हो जाते हैं...

—**प्रोवर्ब्स** 29:18

आप अपनी एकाग्रता और अपनी ऊर्जा कहाँ रखते हैं, उसी से यह तय होगा कि आप कहाँ जाएँगे। अगर आप विपत्ति और उसके द्वारा पेश की गई चुनौतियों पर ध्यान केंद्रित करते हैं, तो आप प्रभावी ढंग से आगे नहीं बढ़ सकते। लेकिन जब आप अपनी एकाग्रता को अपनी भविष्यदृष्टि या इस सपने पर केंद्रित करते हैं कि आप क्या बनना चाहते हैं - विपत्ति के बावजूद - तो आप उस विपत्ति का इस्तेमाल उसी तरह कर रहे हैं, जो यह सचमुच है : एक संक्रांति काल।

चूँकि हम सभी किसी न किसी समय किसी न किसी तरह के परिवर्तन या विपत्ति से गुज़रेंगे, इसलिए बाधाओं के पार देखने की क्षमता और अपनी भावी

रणनीतियों की योजना बनाना महत्त्वपूर्ण है। अपनी नई कारोबारी एकाग्रता विकसित करने के लिए ख़ुद से ये सवाल पूछें :

- वह बड़ी तस्वीर क्या है, जो मेरे भविष्य के लिए मेरे पास है?
- मैं इस विपत्ति को दोबारा होने से रोकने के लिए क्या अलग कर सकता हूँ?
- अगले तीन, छह और बारह महीनों में मैं अपनी कंपनी को कौन से लक्ष्य (बिक्री, उत्पाद विकास, ग्राहक बनाए रखना आदि) हासिल करते देखना चाहता हूँ?
- मैं इस विपत्ति का इस्तेमाल सीखने के अनुभव के रूप में कैसे कर सकता हूँ?

अपनी नई कारोबारी एकाग्रता विकसित करने के लिए इन प्रश्नों के जवाबों से मार्गदर्शन लें।

2. एक निर्णय लें

सफलता और असफलता दोनों ही निर्णय हैं। एक बार जब आपकी भविष्यदृष्टि सही जगह पर आ जाती है, तो आपको यह ठान लेना चाहिए कि आप विपत्ति के बावजूद जीतने जा रहे हैं। सच्चाई यह है कि सफल व्यवसायी सफल होने का चुनाव करते हैं। वे समझते हैं कि निर्णय और चयन सफलता के फ़ॉर्मूले के अखंड हिस्से हैं। चाहे सामने कोई भी विपत्ति हो, वे इससे उबरने और विजयी होने का निर्णय लेते हैं।

आपको किसी विपत्ति से उबरने के लिए अपने व्यवसाय के लिए जो निर्णय लेने होंगे, उनमें ये शामिल हैं :

- *मेरे सलाहकार कौन हैं?* जो नकारात्मक सलाहकार विपत्ति पर ध्यान केंद्रित करते हैं, वे उससे उबरने में आपकी मदद नहीं करेंगे। आपको सकारात्मक सलाहकारों के साथ जुड़ने का निर्णय लेना चाहिए, जो आपकी भविष्यदृष्टि या सपने के अनुरूप सोचते हों।
- *क्या मेरा नया लक्ष्य पर्याप्त बड़ा है?* आपके सामने विपत्ति है, इसका यह मतलब नहीं है कि आप दोबारा छोटे से शुरू करें। पहले बड़ी तस्वीर देखने का निर्णय लें। इसके बाद उस लक्ष्य से पीछे चलते हुए अपना रास्ता तय करें।

- *अपने लक्ष्य तक पहुँचने के लिए मुझे कौन से क़दम उठाने होंगे?* योजना बनाएँ और निर्णय लें कि आप अपने नए लक्ष्य तक पहुँचने के लिए स्पष्टता से क्या करने वाले हैं। मिसाल के तौर पर, अगर आपका लक्ष्य बिक्री को 33 प्रतिशत बढ़ाना है, तो लिख लें कि आप इसे हासिल करने के लिए क्या करेंगे और इस लक्ष्य तक पहुँचने की समयसीमा क्या है।

3. कर्म करें

कर्म के बिना निर्णय सिर्फ़ एक भ्रम है और भविष्यदृष्टि के बिना कर्म बस एक दुविधा है। लेकिन भविष्यदृष्टि और निर्णयात्मक कर्म से संसार बदल सकता है।

एक बार जब आप अपने नए कारोबारी स्वप्न को हक़ीक़त बनाने के विभिन्न घटक तय कर लेते हैं, तो आपको उनमें से प्रत्येक पर काम करना चाहिए। दुर्भाग्य से कई कारोबारी लोग अपने निर्णयों पर कभी काम नहीं करते हैं। हालाँकि वे अपने नए कारोबारी सपने को हक़ीक़त बनाने का पूरा इरादा रखते हैं, लेकिन उनमें संकल्प और कर्म करने से उत्पन्न लगन नहीं होती।

किसी निर्णय पर कर्म करके आप विपत्ति की ज़िम्मेदारी भी ले रहे हैं। “डिसीजन” (निर्णय) शब्द ग्रीक शब्द से लिया गया है, जिसका अर्थ है “काटना।” जब आप चीरा लगाते हैं, तो आप “अंदर” काटते हैं और जब आप निर्णय लेते हैं, तो आप “बाक़ी सारी चीज़ों को” काट देते हैं! ज़िम्मेदारी लें और उन लोगों, स्थानों व चीज़ों को काट दें, जो आपको अपने सपने को जीने से रोक सकती हैं। एक बार जब आप अपने कामों की ज़िम्मेदारी ले लेते हैं, तो आप आगे बढ़ने और अपना अगला लक्ष्य हासिल करने के लिए तैयार हो जाते हैं। याद रखें, हो सकता है कि आप गिरने के लिए ज़िम्मेदार न हों, लेकिन आप दोबारा उठने के लिए ज़रूर ज़िम्मेदार हैं। जो लोग काम करते हैं, केवल वही अपने लक्ष्य हासिल कर पाते हैं।

4. इच्छा रखें

इच्छा ऊर्जा का वह स्तर है, जो आप अपने लक्ष्य तक पहुँचने के लिए लगाना चाहते हैं। दूसरे शब्दों में, आप कितनी शिद्दत से चाहते हैं कि आपका कारोबार बचा रहे और आप कारोबारी सफलता हासिल करने के लिए क्या करने को तैयार हैं?

कल्पना करें कि मैं आपको एक बड़े फ़ुटबॉल स्टेडियम में ले जाता हूँ और आपको बताता हूँ कि फ़ुटबॉल के उस मैदान में कहीं पर 10 लाख डॉलर गड़े हुए हैं - और फिर मैं आपको एक फावड़ा देता हूँ। क्या आप खुदाई करने में रुचि लेंगे? ज़्यादातर लोग कहेंगे, “हाँ!” मेरा मानना है कि हालाँकि आपको इस बात का

ज़रा भी अंदाज़ा नहीं होगा कि कहाँ खुदाई शुरू करनी है या कितना गहरा खोदना है, लेकिन ज़्यादातर लोग दस लाख डॉलर के लिए खुदाई करने के इच्छुक होंगे। वास्तव में, टेलीविज़न रिएलिटी शो में बहुत से लोग जैकपॉट जीतने के लिए केंचुए तक खा लेते हैं और विचित्र करतब दिखाते हैं, इसलिए मुझे लगता है कि फ़ुटबॉल के मैदान की खुदाई करना इतना बुरा नहीं है! मुद्दे की बात यह है कि आप बाहर जाकर इस उम्मीद से खुदाई करने को तैयार हैं कि आपके प्रयासों के लिए वहाँ पर एक पुरस्कार है। आपमें खुदाई करने और अपने सपनों की ख़ातिर लड़ते रहने का संकल्प होना चाहिए। आपको अपने लक्ष्य हासिल करने के लिए संकल्पवान और लगनशील होना चाहिए। मैं मानता हूँ कि यही ज़िंदगी के बारे में सही है! संसार में लाखों-करोड़ों डॉलर हैं, जिन पर आपका नाम लिखा है और जो आपका इंतज़ार कर रहे हैं... लेकिन पैसा पाने के लिए आपको संकल्पवान और लगनशील होना चाहिए - और आपको खुदाई करते रहना चाहिए!

जो लोग कर्म में जुटते हैं, उनमें से कई जल्दी ही हार मान लेते हैं, क्योंकि उनकी इच्छा जवाब दे जाती है। या तो उनके मन में कोई नया विचार आ जाता है और वे एकाग्रता खो देते हैं या फिर उनका सामना किसी छोटी-मोटी विपत्ति से हो जाता है और वे हताश हो जाते हैं। आपने अपने लिए जो नया कारोबारी लक्ष्य तय किया है, उस तक पहुँचने के लिए आपमें हर काम को लगातार पूरा करने की इच्छा होनी चाहिए, भले ही इसमें जोखिम शामिल हो। हालाँकि जोखिम लेने से डर लग सकता है, ख़ास तौर पर विपत्ति के बाद, लेकिन आपके नए लक्ष्य तक पहुँचने के लिए यह एक आवश्यक घटक है। विपत्ति को वापसी में बदलने के लिए आपको पहलशक्ति और कर्म की ज़रूरत होगी। पहलशक्ति तथा कर्म में हमेशा जोखिम शामिल होता है : कोई हिम्मत नहीं, तो कोई शोहरत नहीं - कोई जोखिम नहीं, तो कोई पुरस्कार नहीं! प्रगति में हमेशा जोखिम शामिल होता है। अगर आप पहला बेस छोड़ने से डरते हैं, तो आप दूसरे बेस तक नहीं पहुँच सकते।

यह निर्णय लें कि आप कितनी शिद्दत से लक्ष्य तक पहुँचना चाहते हैं, और फिर इसके पीछे तब तक जुटे रहें, जब तक कि आप इसे हासिल न कर लें। याद रखें, विपत्ति "अगर" वाला मामला नहीं है; यह तो "कब" वाला मामला है। जब कोई विपत्ति आपके जीवन में आती है, तो आपको यह चेतन निर्णय लेने की ज़रूरत होती है कि आप इसे समस्या के रूप में नहीं, बल्कि सीखने के अवसर के रूप में देखेंगे। आपको समाधान पर ध्यान केंद्रित करना चाहिए और यह निर्णय लेना चाहिए कि आप उस विपत्ति के बारे में क्या करने वाले हैं।

जब मैंने *संकट ही सफलता की नींव है* के लिए लोगों से बातचीत की, तो मुझे उनकी कहानियों में एक जैसे घटक नज़र आए - भविष्यदृष्टि, निर्णय, कर्म और

इच्छा। मैंने इन सरल क़दमों पर और शोध किया, जिसे हमारे संकटों को विजय में बदलने के लिए हमारी रोज़मर्रा की गतिविधियों में लागू किया जा सकता था। इस तरह मैंने आपके संकटों को विजय में बदलने के लिए 12 क़दमों की एक योजना बनाई! ये 12 क़दम हैं :

1. *अपने दृष्टिकोण की जाँच करें।* आप जो देखते हैं, वही पाते हैं! ऐसी बात नहीं है कि देखना ही विश्वास करना है; बात तो यह है कि विश्वास करना ही किसी चीज़ को अंततः साकार करने और देखने की कुंजी है!
2. *पहचानें कि यह जीवन है।* जीवन 101 में कहा गया है, "कुछ दिन आप विंडशील्ड होते हैं और कुछ दिन आप कीड़े होते हैं!" जीवन होता है - विपत्तियाँ हर एक के सामने आती हैं, लेकिन अंततः आपके नज़रिये से ही फ़र्क़ पड़ता है।
3. *अपने लक्ष्य पर ध्यान केंद्रित करें।* अगर सपना पर्याप्त बड़ा है, तो समस्याएँ मायने नहीं रखती हैं। सपना जितना ज़्यादा बड़ा होता है, पुरस्कार भी उतना ही ज़्यादा बड़ा होता है।
4. *मुश्किल निर्णय लें।* अब जब विपत्ति आपके सामने आकर खड़ी हो गई है, तो आप इसके बारे में क्या करने जा रहे हैं? मायने यह नहीं रखता कि आपके साथ क्या होता है; मायने तो यह रखता है कि आप इसके बारे में क्या करते हैं!
5. *सकारात्मक रहने का निर्णय लें।* सकारात्मक लोगों में ज़्यादा लंबा जीने की प्रवृत्ति होती है और वे यात्रा का ज़्यादा आनंद भी लेते हैं!
6. *रुकें और सोचें।* क़दम पीछे हटाएँ, अंदर देखें, जाँच करें और ऊँचा सोचें! अपने सारे विकल्पों को देखें। आपके पास विकल्प हमेशा होते हैं। सफलता की कुंजी समझदारीपूर्ण विकल्प चुनना है।
7. *कर्म करें।* हो सकता है कि आपके पास लाइट और कैमरा हों, लेकिन जब तक आप एक्शन न करें, तब तक कुछ भी नहीं होता! कई लोग अपने सपनों को जीने की बात करते हैं, लेकिन जो लोग अपने सपनों पर काम करते हैं, सिर्फ़ वही उन्हें साकार कर पाते हैं।
8. *ज़िम्मेदारी लें।* इसका सामना करें, इसे पहचानें, इसे मिटाएँ और इसकी जगह नया बनाएँ। सबसे पहले समस्या का सामना करें। फिर, समस्या को पहचानें और इससे सीखें, समस्या को मिटा दें - इसके बारे में सोचते न रहें। अंततः समस्या की जगह कुछ और रख लें - अपने जीवन में नकारात्मक की जगह कुछ सकारात्मक और प्रेरित रख लें।

9. *अपने क्रोध का इस्तेमाल करें।* इसका इस्तेमाल भलाई के लिए करें! अंग्रेज़ी शब्द एंगर (anger) और डेंजर (danger) में सिर्फ़ "डी" अक्षर का फ़र्क़ होता है। "डी" अनुशासन (discipline) के लिए है! क्रोध एक स्वाभाविक भाव है - कुंजी अनुशासित रहना है।
10. *आस्था रखें,* और ख़ुद को याद दिलाएँ कि आप धन्य और बहुत कृपापात्र हैं! सकारात्मक, साहसी आस्था आपको सबसे मुश्किल यात्राओं के लिए शक्ति दे सकती है।
11. *जीतने का संकल्प लें,* हारने से इंकार करें और कभी हिम्मत न हारें! कभी, कभी, कभी हार न मानें! विजेता कभी मैदान नहीं छोड़ते और मैदान छोड़ने वाले कभी नहीं जीतते!
12. *कृतज्ञता का नज़रिया रखें!* हर बोझ में वरदान खोजना सीखें। हर दिन के लिए कृतज्ञ बनें!

हर सफल व्यक्ति के जीवन में विपत्तियाँ आती हैं; लेकिन उसे अहसास होता है कि विपत्ति राह का अंत नहीं है, बल्कि सड़क का एक मोड़ है और सिर्फ़ वही लोग दुर्घटनाग्रस्त होते हैं, जो मुड़ नहीं पाते हैं। जब आप अपनी विपत्ति को भावी विकास के अवसर के रूप में देखते हैं, तो हर चुनौती का सकारात्मक परिणाम हो सकता है। इस तरह हर व्यक्तिगत विपत्ति को अंततः अविश्वसनीय सफलता की नींव के रूप में देखा जा सकता है।

क्या आप गंभीर हैं?

जब मैं नाइटक्लब गायक था, तब मेरा एक मित्र था। एक दिन मुझे उसकी चिट्ठी मिली। उसने कहा कि उसने मुझे टेलीविज़न पर देखा था और वह जानना चाहता था कि मैंने अपनी ज़िंदगी बदलने के लिए क्या किया। मैंने उसे बताया कि जिस नाइटक्लब को मैंने वॉशिंगटन डीसी के शीर्षस्थ नाइटक्लबों में से एक बनाया था, जब उस नाइटक्लब से मुझे निकाल दिया गया, क्योंकि बैंड को पैसे देने के बजाय कराओके मशीन ख़रीदना ज़्यादा सस्ता था, तो मैंने बदलने का निर्णय लिया... और जैसा जिम रॉन कहते हैं, "एक बार जब आप बदल जाते हैं, तो आपके लिए हर चीज़ बदल जाती है!"

मैंने उसे बताया कि मैंने विकास करने और अपनी सोच का विस्तार करने का संकल्प लिया। मैंने स्व-विकास का कोर्स शुरू किया और सकारात्मक संदेशों वाली पुस्तकें पढ़ने, प्रेरक टेप सुनने और बहुत से प्रेरक सेमिनारों तथा रैलियों में शिरकत करने का संकल्प लिया। संक्षेप में, मैंने उसे बताया कि मैंने अपनी सफलता के बारे

में गंभीर होने का निर्णय लिया। मैंने अपना मन बना लिया था कि मैं हर ज़रूरी चीज़ करूँगा, ताकि मैं अपना विकास ऐसे व्यक्ति के रूप में कर सकूँ, जो सफलता के लिए तैयार था। मुझे याद है कि लेस ब्राउन ने एक बार मुझे बताया था कि ज़्यादातर लोग, "गंभीरता से, सफलता के बारे में गंभीर नहीं होते हैं।" उन्होंने कहा कि वे इसके बारे में बात करते हैं, और बात करते हैं, और बात करते हैं, लेकिन करते कुछ नहीं हैं। इसलिए मैंने गंभीर होने का मन बना लिया!

मैंने सुबह जल्दी उठने और देर तक जागने का संकल्प लिया। मैंने स्व-विकास के बारे में हर चीज़ पढ़ने का संकल्प लिया। मैंने टेलीविज़न का बटन बंद कर दिया और पुस्तकों तथा ऑडियो में अपने समय का भारी निवेश किया। मैंने संकल्प लिया कि मैं फ़ोन उठाकर सेल्स कॉल करूँगा। मैं सुबह जल्दी ही फ़ोन के पास पहुँच जाता था और शाम तक फ़ोन करता रहता था। जब मैं थक जाता था और रुकना चाहता था, तो मैं हमेशा एक और कॉल करता था। मैंने यह संकल्प लिया कि जितने काम के लिए मुझे वेतन दिया जाता था, मैं हर दिन उससे ज़्यादा करूँ; जितने काम की मुझसे अपेक्षा की जाती थी, उससे ज़्यादा काम करूँ; जितना मुझसे कहा जाता था, उससे आगे तक जाऊँ। यह बात सच है कि आपको जितना भुगतान मिलता है, अगर आप उससे ज़्यादा करते हैं, तो एक दिन ऐसा आएगा, जब आप जितना करते हैं, आपको उससे ज़्यादा भुगतान मिलेगा। अगर आप आज वे चीज़ें करते हैं, जिन्हें दूसरे नहीं करना चाहते, तो आपके पास कल वे चीज़ें होंगी, जो दूसरों के पास नहीं होंगी।

मेरे पुराने मित्र ने मुझसे पूछा कि मैं हर दिन तीन चीज़ें कौन सी करता हूँ। मैंने उससे कहा कि मैं हर दिन प्रार्थना और ध्यान से शुरू करता हूँ। मैं हर सुबह बिस्तर से उठते समय ईश्वर को धन्यवाद देता हूँ और गर्व से घोषणा करता हूँ, "यह वह दिन है, जिसे ईश्वर ने बनाया है और मैं इसमें ख़ुश तथा आनंदित हूँ!" मेरे पास कृतज्ञता का नज़रिया है, क्योंकि मेरे पास बाहर निकलने और अपने सपने जीने का एक और अवसर है!

दूसरे, मैं ख़ुद से पूछता हूँ, "विली, अगर तुम गंभीर होते, तो तुम क्या करते?" एक बार जब मुझे जवाब मिल जाते हैं, तो मैं उन्हें लिख लेता हूँ और फिर अपने सपनों को हक़ीक़त में बदलने के लिए काम में जुट जाता हूँ। फिर मैं ख़ुद से पूछता हूँ, बेहतर बनने के लिए तुम आज क्या कर सकते हो? मैंने सीखा है कि सफलता व्यक्तिगत और पेशेवर विकास का परिणाम है। बेहतर बनने के लिए दैनिक विकास की ज़रूरत होती है। किसी भी काम में महानता एक दिन में नहीं आ जाती है; यह तो हर दिन की मेहनत से आती है। दैनिक अनुशासन से फ़र्क़ पड़ता है। जिस तरह आप अपनी मांसपेशियों को थोड़ा-थोड़ा करके बढ़ाते हैं, उसी तरह आप अपने विकास और सफलता को भी थोड़ा-थोड़ा, हर दिन बढ़ाते हैं।

मैंने अपने मित्र को बताया कि यह रॉकेट विज्ञान नहीं है। बस इसमें तीन चीज़ों की ज़रूरत होती है - लगन, भूख और संकल्प! सबसे बढ़कर इसमें अपने विकास का संकल्प लेने की ज़रूरत होती है, ताकि हम अपने भविष्य को अंकुरित कर सकें। फिर हमें उस संकल्प को करने का संकल्प लेना चाहिए। इस पुस्तक में मैं इस प्रश्न *'क्या आप गंभीर हैं?'* पर ध्यान केंद्रित करने में आपकी मदद करूँगा।

हर सफल व्यवसायी के सामने विपत्तियाँ आती हैं। लेकिन उसे यह अहसास हो जाता है कि विपत्ति राह का अंत नहीं है, बल्कि राह का मोड़ भर है... और सिर्फ़ वही लोग दुर्घटनाग्रस्त होते हैं, जो मोड़ पर नहीं मुड़ पाते। अपने कारोबार की विपत्ति को भावी विकास के अवसर के रूप में देखने से हर कारोबारी चुनौती का सकारात्मक परिणाम निकल सकता है। इस तरह, हर विपत्ति को एक अविश्वसनीय सफलता की नींव के रूप में देखा जा सकता है।

मुश्किल समय के दौरान जो सवाल बार-बार पूछा जाता है, वह है, "इस अग्निपरीक्षा से हम कैसे बचें?" इसका कोई आसान जवाब नहीं है। ये अवधारणाएँ 1930 के दशक में कारगर थीं; ये अवधारणाएँ बाक़ी मंदियों और हमारे देखे मुश्किल आर्थिक दौर में कारगर रही हैं; ये आज भी आपके लिए काम करेंगी। वास्तव में, हमने देखा है कि इनमें से कई प्रवृत्तियाँ आज भी विद्यमान हैं, जैसी बरसों पहले रही थीं। फ़िल्म स्टूडियोज़ में मंदियों और मुश्किल आर्थिक दौर में सबसे ज़्यादा टिकट बिकते हैं और जो कंपनियाँ होम थिएटर और होम एंटरटेनमेंट में विशेषज्ञता रखती हैं, उनकी बिक्री मुश्किल दौर में बहुत बढ़ जाती है, क्योंकि लोग महसूस करते हैं कि वे बाहरी मनोरंजन का ख़र्च नहीं उठा सकते, इसलिए वे घर पर रुके रहने के लिए भुगतान करते हैं। ऐसे समय में भारी दौलत बनाने के लिए आप अपनी सृजनात्मकता का इस्तेमाल कर सकते हैं। लेकिन ये सिद्धांत तभी काम करते हैं, जब आप उन पर काम करना चाहते हों और उन्हें अपने जीवन में मेहनत से उतारना चाहते हों।

वॉरेन बफ़े संसार के सबसे दौलतमंद व्यक्तियों में से एक हैं। उन्होंने कहा था कि मंदियाँ बहुत चुनौतीपूर्ण समय होती हैं, लेकिन वे दौलत बनाने का बेहतरीन समय भी हैं। वे दरअसल इसे "आर्थिक पर्ल हार्बर" कहते हैं, यानी उस वक़्त तो ऐसा लगता है कि हर चीज़ तबाह हो गई है, लेकिन आगे चलकर उस चुनौती से सुंदर पौधे उग आएँगे। बफ़े ने कहा है कि मंदियों और आर्थिक गिरावटों की प्रकृति चक्राकार है - वे पहले भी आ चुकी हैं और शायद हमारे जीवन में दोबारा आएँगी। उन्होंने यह भी कहा है कि हमें इतिहास से सीखना चाहिए। हमने इससे भी बुरी आर्थिक स्थितियाँ देखी हैं और हर एक का अंत हुआ था तथा अर्थव्यवस्था पहले से बेहतर बनकर उछली थी। उन्होंने कहा कि हर बहाली के साथ उन लोगों के सर्वश्रेष्ठ

दिन सचमुच आगे हैं, जो अलग तरीक़े से सोचने के इच्छुक हैं और जो नकारात्मक व्याख्या तथा नकारात्मक नज़रियों को छोड़ देते हैं। वॉरेन बफ़े महसूस करते हैं कि आर्थिक मंदियाँ सकारात्मक नज़रिये वाले लोगों के सामने महान अवसर पेश करती हैं, जिन्होंने नकारात्मक चिंतकों की भीड़ का अनुसरण न करने का संकल्प लिया है।

सीएनबीसी को दिए इंटरव्यू में वॉरेन बफ़े ने कहा था, "बुरी ख़बर डर और चिंता उत्पन्न करती है, लेकिन आपको डर से जूझना चाहिए और यह अहसास करना चाहिए कि समय के साथ हर चीज़ सही हो जाएगी। पूँजीवादी तंत्र कारगर है! कभी-कभार मशीन में गड़बड़ आ जाती है, लेकिन यह ख़ुद को ठीक कर लेगी और आप भरोसा कर सकते हैं कि तंत्र कारगर है!" बफ़े ने इसके बाद बैंकिंग और बचत के बारे में बोलते हुए कहा कि बैंकिंग उद्योग के सबसे अच्छे दिन आने वाले हैं। उनके यह कहते ही वेल्स फ़ार्गो बैंक के शेयर का भाव 24 प्रतिशत से ज़्यादा बढ़ गया!

बफ़े ने अपने श्रोताओं को यह सलाह भी दी कि वे डर और दहशत में न अटकें, बल्कि आशावाद और रोमांच से भविष्य को देखें और उन अवसरों की तलाश करें, जो चारों तरफ़ बिखरे हुए हैं। अंत में, उन्होंने कहा, "जब दूसरे लोग लालची थे (शेयर बाज़ार में इंटरनेट कंपनियों के उछाल और अंततः धड़ाम के दौरान), तब मैं शांत था! लेकिन जब दूसरे डर रहे थे, तब मैं लालची बन गया!"

मैं वॉरेन बफ़े की बात से सहमत हूँ : आर्थिक मंदियों में हमें अतीत में विद्यमान स्वरूपों की जाँच करनी चाहिए और आशावाद से भविष्य की ओर देखना चाहिए। यह अवसरों की तलाश करने, संभावनाओं को देखने और साहसी बनने का समय है। जो लोग अलग सोचते हैं और अपनी आँखें अवसरों तथा संभावनाओं के प्रति खोल लेते हैं, वही संपन्न होंगे। जैक एडगेट ने लिखा था, "हर मंदी में आम क्या होता है? जब मंदी का अंत होता है, तो अलग-अलग कंपनियों को बहुत अलग-अलग परिणाम मिलते हैं। 1990 की मंदी के अंत में वॉलमार्ट सियर्स से आगे निकल गई थी, जिलेट ने कोलगेट-पामोलिव को हरा दिया था और मेरिल लिंच ने बियर स्टर्न्स को पछाड़ दिया था।" इतिहास ने साबित कर दिया है कि यह हर मंदी या गिरावट के बारे में सच है, साथ ही आपके व्यक्तिगत इतिहास के बारे में भी... अगर आप हार नहीं मानते हैं, तो आप अपनी विपत्तियों को संपत्तियों में बदल सकते हैं।

मुख्य प्रश्न यह है कि आप किसी विपत्ति (जैसे कोई मंदी या व्यक्तिगत आर्थिक गिरावट) को निराशाजनक समस्या के रूप में देखते हैं या फिर रणनीतिक अवसर के रूप में? जब आप उस विपत्ति से उबर जाते हैं, तो आपके हिसाब से आपका जीवन और कारोबार कैसा दिखना चाहिए?

मुझे यक़ीन है कि परिवर्तनशील और चुनौतीपूर्ण समय में अलग तरीक़े से

सोचना ज़रूरी है! आपको अलग काम करने का इच्छुक होना होगा! आपको कुछ काम अलग तरीक़े से करने का इच्छुक होना होगा! इस पुस्तक में मैं आपको कुछ विचार और रणनीतियाँ बताऊँगा, जो अलग तरीक़े से सोचने और समृद्ध होने में आपकी मदद करेंगी। ये विचार केवल बचने में ही नहीं, बल्कि समृद्ध होने में आपकी मदद करेंगे और इनकी मदद से आप किसी भी आर्थिक विपत्ति को संपत्ति में बदल सकते हैं!

कम चली गई राह

जब हम बड़े होते हैं, तो हम एक के बाद दूसरे चुनौतीपूर्ण अनुभव से गुज़रते हैं। जैसा एम. स्कॉट पेक ने अपनी मशहूर पुस्तक *द रोड लेस ट्रैवल्ड* की पहली पंक्ति में कहा था, "जीवन मुश्किल है।" बात ख़त्म! उन्होंने सही कहा है, जीवन मुश्किल है। जीवन चुनौतीपूर्ण है। ऐसा समय होता है, जब जीवन सरासर पक्षपाती नज़र आता है। लेकिन फिर भी जीवन जीने लायक़ है। जिन चुनौतियों और मुश्किलों को हम सभी को झेलना ही होगा, उनके बावजूद जीवन एक सुंदर चीज़ है! मेरी डेस्क पर एक तख़्ती है, जिस पर लिखा है, "अद्भुत होने के लिए जीवन का आदर्श होना जरूरी नहीं है!"

इतने बरसों में मैंने अक्सर ज़्यादा बड़े लोगों को कहते सुना है, "अगर आपके जीवन में अब तक मुश्किल समय नहीं आया है, तो बस जीते रहें!" हम सभी के जीवन में कुछ मुश्किल समय रहते हैं और अंततः हमारे जीवन में कुछ विपत्तियाँ होंगी। हम सभी कुछ चुनौतीपूर्ण समय का अनुभव करेंगे, लेकिन चुनौतियों के बीच में महान अवसर भी होते हैं। हम सभी के जीवन में संकट के कुछ समय आएँगे, लेकिन हमारे भविष्य की संभावनाएँ देखने के लिए हमें पहले संकट की परिभाषा को अच्छी तरह समझ लेना चाहिए।

हम लगातार सुनते हैं कि हम एक संकट के बीच में हैं। मैं सहमत हूँ कि हम संकट के बीच में हैं, लेकिन मैं संकट की परिभाषा से सहमत नहीं हूँ। हम आम तौर पर संकट को किसी आपदा, चोट, दर्द और निराशा का समय मान लेते हैं। हाँ, इस मुश्किल समय में चोट, दर्द और निराशा है, लेकिन यह पूरी स्थिति नहीं है। संकट एक रोचक शब्द है, क्योंकि इसमें एक तरफ़ तो भारी चुनौती और मुश्किल है, जबकि दूसरी तरफ़ महान अवसर है! नेपोलियन हिल ने अपनी मशहूर पुस्तक *थिंक एंड ग्रो रिच* में लिखा है, "हर विपत्ति में हमेशा समान या ज़्यादा लाभ के बीज होते हैं।" इस भावना से मैं कुछ विचार बताना चाहूँगा और मुझे यक़ीन है कि इनसे आपको इस संकट से गुज़रने में मदद मिलेगी। मुझे आशा है कि आप पहले से महान और बेहतर बनकर अपनी विपत्ति के पार पहुँचेंगे!

जब हम इस आर्थिक सफलता के विशिष्ट क़दमों में जाते हैं, तो मेरा लक्ष्य आपको कुछ विशिष्ट रणनीतियाँ देना है, सिर्फ़ इस चुनौतीपूर्ण समय में बचने के बारे में ही नहीं, बल्कि समृद्ध होने के बारे में भी।

वॉरेन बफ़े की बात सही थी : यही समय है! यही विपत्तियों को संपत्तियों में बदलने का समय है! हम इससे गुज़र जाएँगे! यह सफलता से जीतने का समय है! अपनी अविश्वसनीय वापसी के लिए तैयार हो जाएँ! इस आर्थिक विपत्ति को संपत्ति में बदलने के लिए तैयार हो जाएँ! आइए इसे संभव बनाएँ!

अब हम विपत्तियों को संपत्तियों में बदलने के सात क़दमों पर आते हैं!

1

अपनी मानसिकता बनाएँ... दबाव बनाए रखें, लेकिन दहशत में न आएँ

(क्योंकि दबाव से हीरे बनते हैं, जबकि दहशत से तबाही आती है)

मुश्किलें हमेशा हारती हैं, लेकिन जीवट वाले लोग हमेशा जीतते हैं!

—डॉ. रॉबर्ट शुलर

पैसे संबंधी चुनौतियाँ किसी न किसी समय हर एक के जीवन में आती हैं। मैं जानता हूँ कि यह आनंददायक समय नहीं होता। दरअसल मैं जानता हूँ कि यह इसके ठीक विपरीत होता है - यह कष्टदायक होता है। जब हम पर कोई आर्थिक विपत्ति आती है, चाहे यह व्यक्तिगत स्तर पर हो या ज़्यादा बड़े स्तर पर (जैसे : आर्थिक मंदी या डिप्रेशन), तो हमारे भीतर नियंत्रण खोने की बेचैन करने वाली भावना आ सकती है, जो हमारे संतुलन को डगमगा सकती है, और यह एक ऐसी भावना है जिसे हममें से कोई भी पसंद नहीं करता। अक्सर नियंत्रण खोने के साथ दबाव और तनाव का स्तर भी बढ़ जाता है। जब आप कड़के होते हैं, तंगी में होते हैं और नाउम्मीद होते हैं, तो ध्यान को एकाग्रचित्त करना और एक ऐसा भविष्य देखना मुश्किल होता है, जहाँ पैसे की कोई तंगी न हो और बिल चुकाना इतना मुश्किल न हो। मुझे अपने मित्र डॉ. बीचर हिक की यह बात बड़ी पसंद है: "जब पैसा अजीब हरकतें करता है और परिवर्तन अजीब होता है, तो दबाव और भी बढ़ जाता है!" लेकिन अच्छी ख़बर... सचमुच अच्छी ख़बर... यह है कि इस समस्या का एक समाधान है और यह आपकी सोच से शुरू होता है!

सबसे पहले, अपनी मानसिकता बनाएँ

मैं कठोर आर्थिक दौर के दबाव में रह चुका हूँ और इस प्रक्रिया में मैंने कुछ मूल्यवान सबक़ सीखे हैं। मैंने यह सीखा कि दबाव दरअसल आपकी ज़िंदगी में हीरे बना सकता है, लेकिन यह मानसिकता रखना महत्त्वपूर्ण है कि आप दबाव में कमज़ोर और कटु बनने के बजाय ज़्यादा मज़बूत और बेहतर बनेंगे। अलग तरह से सोचना शुरू करें। अपनी मनचाही चीज़ों पर ध्यान केंद्रित करें और सकारात्मक तरीक़े से सोचें। उस बारे में न सोचें, जिसे आप न चाहते हों और जिससे आप डरते हों। क्यों? क्योंकि जिस पर भी आप सबसे ज़्यादा समय तक ध्यान केंद्रित करते हैं, वही सबसे मज़बूत बनता है!

विजेता मानसिकता रखना अत्यंत महत्त्वपूर्ण है। किसी विपत्ति को संपत्ति में बदलने की दिशा में पहला क़दम अपनी मानसिकता को बनाना है! यह मानसिकता रखें कि आप किसी भी तरह, कैसे न कैसे तो भी जीतेंगे और जब धूल छँटेगी, तब भी आप खड़े नज़र आएँगे। यह *द कलर पर्पल* फ़िल्म की तरह है, जिसमें मिस सेली अपने घटिया, दुर्व्यवहार करने वाले पति मिस्टर को छोड़कर जाने का निर्णय लेती है। जब वह पति को बताती है कि वह उसे छोड़कर जा रही है, तो वह उससे कहता है कि कोई भी उसे पसंद नहीं करता है, क्योंकि वह बदसूरत है और उसने कभी कोई महत्त्वपूर्ण काम नहीं किया है। सेली मिस्टर की ओर फ़ौलादी आत्मविश्वास से देखती है और कहती है, "हो सकता है कि मैं बदसूरत हूँ और मैंने तुम्हारी नज़रों में कोई महत्त्वपूर्ण काम कभी न किया हो... लेकिन इसके बावजूद मैं यहाँ हूँ! इसके बावजूद मैं यहाँ हूँ!" यह उपलब्धि ऐलान था, महत्त्व का कथन था! तो विपत्तियों को संपत्तियों में बदलने की दिशा में पहला क़दम सही मानसिकता बनाना है! ज़िंदगी और कारोबार में जीतने के लिए आपको सही मानसिकता बनानी चाहिए - आपको यह संकल्प लेना चाहिए कि आप अपने आरामदेह दायरे के पार जाने के लिए तैयार हैं। एक बार जब आप सही मानसिकता बना लेते हैं और समर्पित हो जाते हैं, तो आपके मन में लक्ष्य की दिशा में तब तक जुटने की इच्छा रहनी चाहिए, जब तक कि आप वहाँ पहुँच नहीं जाते।

ज़िंदगी में ज़्यादातर चीज़ों की तरह ही यहाँ भी पहला क़दम हमेशा सबसे महत्त्वपूर्ण होता है। मानसिकता बनाना इस समीकरण का पहला अहम क़दम है। ज़्यादातर लोग ज़िंदगी में इसलिए नहीं जीत पाते हैं, क्योंकि उनकी मानसिकता सही नहीं होती है और वे लक्ष्य के प्रति समर्पित नहीं होते हैं। गेटे ने कहा था, "जब तक इंसान समर्पित नहीं होता, तब तक हिचक रहती है, पीछे हटने की आशंका रहती है, हमेशा प्रभावहीनता रहती है। लेकिन जिस मिनट, जिस पल कोई ख़ुद को पूरी तरह से समर्पित कर देता है, उसी पल तक़दीर (ईश्वर का हाथ) भी सक्रिय हो जाती है।

सभी तरह की चीज़ें होने लगती हैं, जो सामान्य स्थिति में कभी नहीं होतीं। साहस में जादू और प्रतिभा है; इसे अभी शुरू कर दें!" यदि आप विजेता बनने के मार्ग पर पहुँचना चाहते हैं, तो पहला क़दम अपनी मानसिकता को सही करना है, क्योंकि सही मानसिकता से ज़्यादा शक्तिशाली चीज़ जीवन में दूसरी नहीं है।

ज़्यादातर लोगों की मानसिकता यह होती है : "मुझे उम्मीद है कि मैं यह कर लूँगा।" लेकिन जिस व्यक्ति की मानसिकता सही होती है, उसमें यह जज़्बा होता है, "मैं जानता हूँ कि मैं कर सकता हूँ! मैं जानता हूँ कि मैं कर लूँगा!" यही लोग ज़िंदगी और कारोबार में निरंतर जीतते नज़र आते हैं। वे विपरीत संभावनाओं को लगभग हमेशा परास्त कर देते हैं और सफलता का सिलसिला जारी रखते हैं। वे कठोर आर्थिक दौर से गुज़रते हैं और इसके अंत में बेहतर व ज़्यादा दौलतमंद बनकर निकलते हैं। हमें पता है कि तूफ़ानी आर्थिक हवाएँ चलेंगी, लेकिन अगर हमने यह मानसिकता बना ली है कि हम जीतने वाले हैं, तो हम ख़ुद को ज़्यादा बड़ी सफलता के सही मार्ग पर पाएँगे।

कुछ साल पहले माइक्रोसॉफ़्ट ने मुझसे आग्रह किया कि मैं उनके नए वेब मीटिंग्स पोर्टल को शुरू करने वाले कार्यक्रम में शरीक होऊँ। मुझे वेब मीटिंग्स पोर्टल का प्रमुख बनाया गया, जबकि डोनाल्ड ट्रम्प बिज़नेस डेवलपमेंट पोर्टल शुरू करने वाले थे। इस कार्यक्रम के दौरान मुझे ट्रम्प टीम से परिचित होने का मौक़ा मिला। मुझे डोनाल्ड ट्रम्प और उनकी सोच के बारे में ज़्यादा सीखने का अवसर मिला; तब जाकर मुझे पता चला कि इस चुनौतीपूर्ण दौर में भी वे क्यों सफल हैं। उनकी निरंतर सफलता का एक कारण उनके सोचने का तरीक़ा है। मुझे पता चला कि डोनाल्ड ट्रम्प हमेशा यही सोचते हैं कि वे जीतेंगे, चाहे तमाम संभावनाएँ उनके ख़िलाफ़ क्यों न नज़र आती हों। उनकी मानसिकता अटल रहती है और वे अपनी सोच में शंका या डर को रेंगकर आने या अपने विकल्प सीमित करने की अनुमति नहीं देते हैं।

ट्रम्प कहते हैं कि जब वे नए प्रोजेक्ट शुरू करने के लिए पहली बार मैनहैटन आए थे, तो उन्हें बारंबार विरोध का सामना करना पड़ा। न्यू यॉर्क में रियल इस्टेट बाज़ार के लिए बुरा समय चल रहा था और अर्थव्यवस्था की हालत ख़राब थी, लेकिन उन्होंने यह मानसिकता बना ली कि यह दरअसल एक छिपा हुआ अवसर है। उनकी सोच की बदौलत वे उस डर से उबरने में कामयाब हुए, जिसने गंभीर आर्थिक दौर में दूसरों को सक्रिय होने से रोक रखा था। ज़्यादातर लोगों की योजना तब तक इंतज़ार करने की थी, जब तक कि अर्थव्यवस्था का रुख़ न बदल जाए, लेकिन ट्रम्प ने निर्णय लिया कि यह आगे बढ़ने का समय है। उन्होंने ठान लिया कि आँधी आए या तूफ़ान, वे ज़रूर सफल होंगे।

एक बार जब उन्होंने अपनी मानसिकता बना ली, तो वे इसके बाद सामने

मौजूद चुनौतियों पर काम करने में जुट गए और अंततः उस प्रोजेक्ट में सफल हुए। उन शुरुआती अभियानों के बाद वे एक के बाद एक चुनौतीपूर्ण प्रोजेक्ट करते आ रहे हैं। 1980 के दौर में एक बार बाज़ार में मंदी आई और कई बैंकों ने ट्रम्प से अपने कर्ज़ वापस माँगे। लेकिन ट्रम्प की मानसिकता अटल रही। उन्होंने बॉक्स के बाहर सोचते हुए कर्ज़ के पुनर्गठन की सृजनात्मक योजनाएँ बनाईं, जिनसे हर एक को पैसा भी मिल गया और उन्हें यह काम करने का समय भी मिल गया। इन अभियानों में भी वे सफल हुए, जो उन्हें ज़्यादा सौदों और ज़्यादा शोहरत की ओर ले गए। क्यों? क्योंकि उन्होंने जीतने की मानसिकता बना ली थी! मैं चाहता हूँ कि आप सही मानसिकता बना लें और सफलता का पीछा करने की आदत डाल लें!

एक बार जब आप सही मानसिकता बना लेते हैं, तो आप आधी दूर तक पहुँच जाते हैं - आप आधी लड़ाई जीत जाते हैं। जब तक आप सही मानसिकता नहीं बनाते हैं, तब तक दरअसल बहुत कम हो पाता है। यह मानसिकता रखें कि आप सिर्फ़ अपने वर्तमान अस्तित्व को ही क़ायम नहीं रखेंगे, बल्कि समृद्ध भी होंगे! यह मानसिकता रखें कि आप सफल होने का तरीक़ा खोज लेंगे! एक बार जब आप सही मानसिकता बना लेते हैं, तो बाद का काम बहुत आसान हो जाता है। यह मानसिकता बना लें कि आप जीतने की इच्छाशक्ति विकसित करेंगे! यह सिर्फ़ महत्त्वपूर्ण ही नहीं है; यह तो अत्यंत महत्त्वपूर्ण है। सही मानसिकता बना लें - दरअसल, यह काम इसी समय कर दें!

आपको सही मानसिकता बना लेनी चाहिए - आपको यह संकल्प ले लेना चाहिए कि आप अपने आरामदेह दायरे के पार जाने को तैयार हैं। एक बार जब आप सही मानसिकता बना लेते हैं और संकल्प ले लेते हैं, तो आपके मन में अपने लक्ष्य की दिशा में तब तक काम करते की इच्छा होनी चाहिए, जब तक कि आप उस तक पहुँच नहीं जाते।

आपको ख़ुद को इस बात का विश्वास दिला देना चाहिए कि आप सफल होने जा रहे हैं! इसे ज़ोर से कहें! कहा गया है कि आधी लड़ाई तो हमारे दिमाग़ में चलती है। आज आप सफल होने का तरीक़ा खोज लेंगे! आप जीतने की अपनी इच्छा विकसित करना शुरू करेंगे! यह महत्त्वपूर्ण ही नहीं है, बल्कि अत्यंत महत्त्वपूर्ण है। सही मानसिकता बना लें... इसी समय!

मानसिकता दौलत पर असर डालती है

आपकी मानसिकता न सिर्फ़ आपकी यात्रा शुरू कराने वाली प्रबल शक्ति है, बल्कि यह दौलत बनाने की प्रक्रिया में भी अत्यंत महत्त्वपूर्ण होती है, ख़ास तौर पर आर्थिक चुनौतियों के बीच। हर चीज़ आपकी मानसिकता और आपके संकल्प के स्तर पर

निर्भर करती है। इसे हासिल करने के लिए आपको संकल्पवान बनना होगा!

लोग प्रायः संकल्प और लगन में दुविधा करते हैं, क्योंकि वे बहुत समान हैं, लेकिन लगन एक क्रिया है, जबकि संकल्प एक नज़रिया है। दोनों के मिलने पर सपने हक़ीक़त बन जाते हैं! यदि आप सफल होना चाहते हैं, तो आपके पास एक सपना होना चाहिए, आपको उस सपने की राह पर चलने का फ़ैसला करना चाहिए और आपको यह संकल्प भरा निर्णय लेना चाहिए कि आप तब तक आगे बढ़ते रहेंगे, जब तक कि आप वह सपना साकार न कर लें, चाहे जो हो जाए - आप तब तक चलते रहेंगे, जब तक कि यह हासिल न हो जाए!

मुझसे अक्सर मेरी पहली पुस्तक *आपकी ज़िंदगी सिर्फ़ एक मिनट में बदल सकती है* के शीर्षक के बारे में पूछा जाता है। मुझसे यह भी पूछा जाता है कि क्या आप सचमुच अपनी ज़िंदगी सिर्फ़ एक मिनट में बदल सकते हैं। मैं हमेशा कहता हूँ, "बिलकुल!" आप अपनी ज़िंदगी यक़ीनन एक मिनट में बदल सकते हैं। जिस मिनट आप कोई निर्णय लेते हैं और किसी नई दिशा में चलने लगते हैं, उसी मिनट आप अपनी ज़िंदगी बदल लेते हैं। हो सकता है कि आप एक मिनट में अपनी मंज़िल तक न पहुँच पाएँ, लेकिन आप निश्चित रूप से एक मिनट में अपनी दिशा बदल सकते हैं। जिस मिनट आप सही मानसिकता बनाते हैं और उस नई दिशा में चलने लगते हैं, आप अपनी ज़िंदगी को पूरी तरह बदल लेते हैं। यही आपकी विपत्तियों को संपत्तियों में बदलने के बारे में सच है - आपको पहले सही मानसिकता बनानी होगी!

दबाव अच्छा है, क्योंकि दबाव से हीरे बनते हैं!

दबाव एक ऐसा शब्द है, जिसे हम सभी जानते हैं। आम तौर पर यह एक ऐसी भावना है, जिसका अनुभव करना हमें पसंद नहीं होता। ज़्यादातर लोग लगातार किसी न किसी तरह के दबाव का अनुभव करते हैं। ऑफ़िस में अच्छा प्रदर्शन करने का दबाव, ट्रैफ़िक से निबटने का दबाव और ऑफ़िस आने-जाने का दबाव; हम अपने दैनिक जीवन में कई सारे दबाव महसूस करते हैं। समय के साथ हम आम तौर पर दबावों के साथ तालमेल बैठा लेते हैं और ज़्यादातर मौक़ों पर उनसे निबटना सीख लेते हैं। लेकिन आर्थिक दबाव थोड़ा अलग होता है। आर्थिक दबाव हमारे संतुलन को हिला सकता है। यदि आर्थिक दबाव को नियंत्रित न किया जाए, तो यह आपको पगला सकता है। लेकिन यह आर्थिक दबाव ही है, जो आपकी दौलत बढ़ाने वाली चिंगारी भी बन सकता है। यह दबाव ही है, जो हीरे बनाता है और आपके लिए हीरे की खान तैयार कर सकता है।

मेरे बेटे और उसके मित्र बातचीत में अक्सर *दबावग्रस्त* शब्द का इस्तेमाल करते हैं। ज़्यादातर दायरों में दबावग्रस्त होने को फ़ैशनेबल नहीं माना जाता है। कई

लोगों का मानना है कि इससे हताशा की बू आती है। लेकिन मेरा तर्क है कि यह फ़ैशनेबल होने का मामला नहीं है; यह तो एकाग्रचित्त होने और जीतने का संकल्प लेने का मामला है। मेरा तर्क है कि दबावग्रस्त होना और हताश होना दो बिलकुल अलग चीज़ें हैं।

दबावग्रस्त होना गहन, एकाग्रचित्त और जीतने के लिए संकल्पवान होने का समय है। हताश होने का मतलब है कि आप बिखर चुके हैं और तिनकों की तलाश कर रहे हैं, क्योंकि आप अनिश्चितता के समुद्र में डूब रहे हैं। दबाव हीरे बनाता है, जबकि हताशा दहशत की ओर ले जाती है और दहशत तबाही की ओर ले जाती है। मेरा मानना है कि दबावग्रस्त होने के महत्त्व तथा शक्ति को पहचानना ज़रूरी भी है और समझदारी भरा भी। दबावग्रस्त होना ऐसी अवस्था में रहना है, जिसमें हम एकाग्रचित्त होते हैं और अपने लक्ष्य हासिल करने के प्रति पूरी तरह संकल्पवान होते हैं। यह एक ऐसा दौर होता है, जिसमें हम लक्ष्य हासिल करने में सतही रुचि से आगे बढ़ते हैं और पूर्ण संकल्प के स्तर तक उठ जाते हैं, जहाँ आप अपने लक्ष्य तक पहुँचने के लिए पूरी तरह संकल्पवान होते हैं। मेरे मित्र लेस ब्राउन कहते हैं, "यदि आप सतही हैं, तो आपका नाकामयाब होना तय है!" मुझे यक़ीन है कि आपको सतही स्तर से आगे जाने का निर्णय लेना चाहिए। आपको गंभीर होने, एकाग्रचित्त होने और दबावग्रस्त होने का निर्णय लेना चाहिए। मुश्किल दौर में आपको अपने खेल को बेहतर करना चाहिए और संकल्प के अपने स्तर को भी बढ़ा लेना चाहिए। अगर आप ऐसा करते हैं, तो आप यह देखकर चकित रह जाएँगे कि आप कितना कुछ हासिल करने में सक्षम हैं।

दहशत में आने का मतलब है सोच-विचार या तार्किक योजना के बिना काम करना। दबावग्रस्त होने का मतलब है ज़्यादा कठोर मेहनत करना और ज़्यादा चतुराई से काम करना, वह भी उद्देश्य और विश्वास के ज़्यादा ऊँचे स्तर के साथ। मुझे यह कहना पसंद है कि दबाव हीरे बनाता है, जबकि दहशत विनाश लाती है! ऐसे दौर रहना अच्छा है - वास्तव में यह लाभकारी है - जब आप दबाव में हों और अपने लक्ष्य हासिल करने को लेकर संकल्पवान हों, लेकिन दहशत में आना एक ग़लती है। जब लोग दबाव में होते हैं, तो वे सक्रियता और गहनता के अपने स्तर को उठा लेते हैं, लेकिन महत्त्वपूर्ण यह है कि वे अपने स्तर को कैसे ऊपर उठाते हैं। कुछ लोग दबाव का मुक़ाबला करते समय नकारात्मक तरीक़े से प्रतिक्रिया करते हैं, जबकि बाक़ी दबाव का मुक़ाबला करते समय सकारात्मक अंदाज़ में उसे सँभालते हैं। फ़र्क़ यह है कि इनमें से एक तरीक़ा नकारात्मक है, जबकि दूसरा सकारात्मक है।

जब आप किसी मुद्दे को सँभालते हैं, तो यह एक सकारात्मक गतिविधि है, इसलिए उद्दीपन का प्रभाव सकारात्मक होता है। प्रतिक्रिया के मामले में इसका

विपरीत सच है; यह एक नकारात्मक गतिविधि है, इसलिए उद्दीपन का प्रभाव नकारात्मक होता है। मान लें, आपका मित्र बीमार हो जाता है और आप उसे अस्पताल ले जाते हैं। डॉक्टर उसे भर्ती कर लेता है और उसकी बीमारी के इलाज के लिए दवाएँ लिख देता है। बाद में आप दोबारा अस्पताल जाते हैं और डॉक्टर से पूछते हैं कि आपके मित्र का हाल कैसा है। अगर जवाब में डॉक्टर कहता है कि दवा आपके मित्र को रिएक्शन (प्रतिक्रिया) कर गई, तो आप तुरंत समझ जाते हैं कि यह अच्छी ख़बर नहीं है, लेकिन अगर डॉक्टर कहता है कि दवा ने आपके मित्र की हालत को सँभाल लिया, तो आप समझ जाते हैं कि दवा काम कर रही है और आपके मित्र की स्थिति बेहतर है।

प्रतिक्रिया करने के बजाय सँभालने की योग्यता सीखी जा सकती है। फ़र्क़ मूलतः इस बात पर निर्भर है कि आप जीवन को कैसे देखते हैं - दूसरे शब्दों में, यह मूलतः आपके नज़रिये के बारे में है। बहुत बार लोग स्थितियों को सँभालने और शांत करने के बजाय उन पर प्रतिक्रिया कर देते हैं और दहशत में आ जाते हैं। मेरी सलाह है कि आप स्थिति को सँभालें और शांत बने रहें। शांति की आदत डालें और एकाग्रचित्त बने रहें। अपनी विपत्तियों को संपत्तियों में बदलने के लिए दबाव डालते रहें... लेकिन दहशत में न आएँ!

दबाव से ज़्यादा एकाग्रता और स्पष्टता मिलती है। अगर किसी प्रतिस्पर्धा के अंतिम मिनटों में महान खिलाड़ी पीछे होते हैं, तो वे दबाव में आ जाते हैं और एकाग्र हो जाते हैं। वे एकाग्र तो हो जाते हैं, लेकिन दहशत में नहीं आते हैं। जो मॉन्टाना अमेरिकी फ़ुटबॉल खेलने वाले महानतम क्वार्टरबैक्स में गिने जाते हैं। वे सुपर बाउल जीतने वाली सैन फ़्रांसिस्को 49 अर्स फ़ुटबॉल टीम के लीडर थे। उन्हें प्रायः "दो मिनट की ड्रिल का शहंशाह" कहा जाता था। अगर उनकी टीम आख़िरी दो मिनटों में पीछे होती थी, तो वे शांति से अपने खिलाड़ियों को इकट्ठा करते थे और उनसे कहते थे कि वे दो मिनट के युद्ध की तैयारी पर ध्यान केंद्रित करें।

माइकल जॉर्डन एक और खिलाड़ी थे, जो दहशत में नहीं आते थे और अपनी एकाग्रता की क़ाबिलियत के लिए मशहूर थे। माइकल जॉर्डन शिकागो बुल्स बास्केटबॉल टीम के लीडर थे और कहा जाता था कि एकाग्रता की वजह से ही वे विश्व चैंपियन बने थे। खेल के अंतिम क्षणों में जब बुल्स टीम स्कोर में पीछे रहती थी और किसी को आगे बढ़कर कुछ पॉइंट बनाने की ज़रूरत होती थी, तो माइकल जॉर्डन हमेशा गेंद अपने पास चाहते थे। वे दहशत में नहीं आते थे; वे दबाव डालते थे और अगले स्तर पर प्रदर्शन करने के लिए ख़ुद को धकाते थे। विजेता जीतने के निर्णय के साथ ही यह निर्णय भी लेते हैं कि वे दहशत में नहीं आएँगे और रुकेंगे नहीं, बल्कि दबाव डालेंगे और अपनी सारी ऊर्जा जीतने पर केंद्रित कर लेंगे। क्या

आप मुश्किल आर्थिक दौर से गुज़रने और जीतने के लिए तैयार हैं? क्या आप जंग लड़ने और जीतने के लिए तैयार हैं? क्या आप पर दबाव है, लेकिन आप दहशत में आने से इंकार करते हैं? मैं ऐसी ही आशा करता हूँ, क्योंकि दहशत में कोई शक्ति नहीं होती है!

तो सवाल यह है कि आप इस आर्थिक दबाव को ज़्यादा बड़ी सफलता के अवसरों में कैसे बदलें? आप परिस्थितियों को लाभकारी कैसे बनाएँ? अच्छी बात है कि आपने पूछ लिया। जिस तरह पृथ्वी का दबाव कोयले के टुकड़े को अनमोल हीरे में बदल सकता है, उसी तरह जीवन के दबाव आपकी स्थिति को भी हीरे में बदल सकते हैं। दबाव हीरे बनाता है... लेकिन यह अत्यंत महत्त्वपूर्ण है कि आप दबाव का इस्तेमाल अपनी भलाई के लिए करें, अपने विनाश के लिए नहीं। दबाव हीरे बनाता है, जबकि दहशत विनाश लाती है।

यह अत्यंत महत्त्वपूर्ण है कि आप एकाग्र और संकल्पवान रहें, सफलता पाने के दबाव में रहें, लेकिन दहशत में कभी न आएँ! आपको दहशत में इसलिए नहीं आना चाहिए, क्योंकि यह स्पष्टता से सोचने और आपके सारे विकल्पों का इस्तेमाल करने की योग्यता छीन लेती है। अपने सभी विकल्पों पर विचार करने के लिए आपको सही मानसिकता रखने की ज़रूरत होती है। दहशत विकल्प कम कर देती है। अगर आप स्पष्ट विकल्प-समूह में से नहीं चुन सकते, तो बेहतरीन विकल्प चुनने के आपके अवसर काफ़ी कम हो जाते हैं।

जब दहशत छा जाती है, तो न सिर्फ़ लोगों में ख़राब विकल्प चुनने की प्रवृत्ति होती है, बल्कि उनमें ख़राब विकल्प चुनने वाले दूसरे लोगों का अनुसरण करने की प्रवृत्ति भी होती है।

1929 में अमेरिकी शेयर बाज़ार लुढ़क गया। इससे हज़ारों लोग दहशत में आ गए और एक तरह के सामूहिक उन्माद का माहौल बन गया। यह ख़राब चयनों और बुरे निर्णयों की महामारी थी। लोगों ने इमारतों से कूदकर या रिवॉल्वर से अपनी जान ले ली। लेकिन अंत में बाज़ार ने वापसी की और यह पहले से ज़्यादा बड़ा तथा बेहतर बनकर लौटा।

मैं इस बात पर हैरान था कि शेयर बाज़ार लुढ़कने पर लोग कितनी बुरी तरह दहशत में आ गए थे। कुछ लोग ऐसे भी थे, जिन्होंने 65 डॉलर में कोई शेयर ख़रीदा था और जब बाज़ार गिरने पर उस शेयर का भाव 1.05 डॉलर आ गया, तो वे दहशत में आ गए और उन्होंने अपने शेयर बिलकुल न्यूनतम क़ीमत में बेच दिए। तब भला किसी को शेयर क्यों बेचना चाहिए? मुझे हमेशा बताया गया है कि शेयर बाज़ार में सफलता का रहस्य सस्ते में ख़रीदना और महँगे में बेचना है। जब शेयर का भाव गिरना शुरू हुआ था, तब अगर आपने इसे नहीं बेचा, तो फिर न्यूनतम

क़ीमत में क्यों बेचें? बहुत से लोगों ने दहशत में आकर अपने शेयर एकदम न्यूनतम क़ीमत में बेच दिए... और फिर उस शेयर का भाव दोबारा बढ़ने लगा! इसलिए, सही मानसिकता बनाने के बुनियादी पहले क़दम पर लौटें : यह मानसिकता बना लें कि आप दहशत में *नहीं* आएँगे। दहशत में कोई शक्ति नहीं होती है।

मंदी की वास्तविकताएँ

मंदी और अन्य आर्थिक गिरावटों की सच्चाई यह है कि वे आती-जाती रहेंगी। मंदियाँ और आर्थिक गिरावटें जीवन का हिस्सा हैं और अगर हम पर्याप्त लंबा जीते हैं, तो हम समय-समय पर अर्थव्यवस्था को संघर्ष करते देखेंगे। इसी तरह, हम सभी के व्यक्तिगत जीवन में भी कभी-कभार आर्थिक मंदियाँ रहेंगी... जिसका मतलब है कि हमारा पैसा ख़त्म हो जाता है। कभी-कभार हम अपनी व्यक्तिगत आर्थिक स्थिति को ऊपर-नीचे होते देखेंगे। यह जीवन की यात्रा का हिस्सा है और एक बार जब आप आर्थिक तूफ़ानों से सफलतापूर्वक निकलना सीख लेते हैं, तो आपको यह अहसास होगा कि मंदी से डरने की कोई ज़रूरत नहीं है; इसका तो सिर्फ़ प्रबंधन करने की ज़रूरत है।

आइए सबसे पहले देखते हैं कि मंदी में क्या होता है। मंदी व्यवसाय में आने वाली आम गिरावट और बेरोज़गारी में वृद्धि है। यह ग़ौर करना महत्त्वपूर्ण है कि मंदी और डिप्रेशन ऐसी आर्थिक स्थितियाँ हैं, जो किसी देश या कई देशों की अर्थव्यवस्था में हुए परिवर्तनों से शुरू होती हैं और फिर वे डर की वजह से बदतर हो जाती हैं (कंपनियाँ डरी होती हैं और उपभोक्ता भी पैसे ख़र्च करने से घबराते हैं), जिस वजह से बिक्री कम हो जाती है और अंततः नौकरियाँ कम हो जाती हैं। यह चक्र तब तक चलता रहता है, जब तक कि डर कम नहीं हो जाता और तंत्र में ज़्यादा पैसा नहीं डाल दिया जाता।

1929 की महामंदी के बाद से 11 गंभीर मंदियाँ और आर्थिक गिरावटें आ चुकी हैं, लेकिन उनमें से प्रत्येक मंदी और आर्थिक गिरावट में कुछ लोग ऐसे भी थे, जो इससे करोड़पति बनकर उभरे। उन्होंने ऐसा कैसे किया? आप ऐसा कैसे कर सकते हैं?

आइए हम कुछ लोगों को देखकर शुरुआत करते हैं, जो मंदी या आर्थिक गिरावट के फलस्वरूप अमीर बने।

माइकल जे कलेन

माइकल जे कलेन ने महामंदी के दौरान सुपरमार्केट नामक एक नई अवधारणा को जन्म दिया। वे लोगों को किराने की दुकानों से दूर एक ऐसी जगह पर ले गए, जहाँ

उन्हें उनकी ज़रूरत का सारा सामान एक ही छत के नीचे मिल जाए, आम तौर पर कम भाव में। उन्होंने पैसा और समय बचाने में लोगों की मदद करने का अवसर देखा और वे अमेरिका की तब तक की सबसे विकट आर्थिक स्थिति के दौरान समृद्ध हुए। उन्होंने यह सोचकर और किसी ऐसी चीज़ का विचार पेश करके किया था, जो लोगों को ज़्यादा सफल बनाती थी। उनका सूत्रवाक्य था, "सामान के ढेर ऊँचे रखो : इसे सस्ते में बेचो।"

चार्ल्स डैरो

हो सकता है आपने चार्ल्स डैरो का नाम न सुना हो, लेकिन आपने निश्चित रूप से उनके आविष्कार का नाम सुना होगा। उन्होंने मोनोपॉली नामक एक छोटा खेल ईजाद किया था, जिसे हम आज भी खेलते हैं। 1929 की मंदी में उन्होंने अपना सब कुछ गँवा दिया था, लेकिन इसके बावजूद उन्होंने हार नहीं मानी। उन्होंने एक नए बोर्ड गेम के विचार पर काम किया, ताकि लोगों को यह महसूस हो कि वे अमीर हैं। इस खेल के बाज़ार में उतरने के एक साल के भीतर ही इसके 20,000 यूनिट बिक गए और डैरो मल्टीमिलियनेअर बन गए।

जे पॉल गेटी

जे पॉल गेटी को विरासत में पैसा मिला था और इसका निवेश करके उन्होंने शेयर बाज़ार लुढ़कने के बाद तेल के शेयर ख़रीदे, जब उनके भाव बहुत कम थे। फिर वे उन्हें पकड़े रहे और भाव चढ़ने पर उन्होंने भारी मुनाफ़े में शेयर बेच दिए। वे अरबपति इसलिए बने, क्योंकि वे चतुर थे और उन्होंने वही किया, जो हम सभी को निवेश में करने को कहा जाता है : सस्ते में ख़रीदो और महँगे में बेचो!

हॉवर्ड ह्यूज

हॉवर्ड ह्यूज एक दुस्साहसी विमानचालक थे, जिन्होंने 1929 में शेयर बाज़ार के लुढ़कने के बाद अपनी जोखिम लेने की योग्यताओं को अगले स्तर पर पहुँचा दिया। वे फ़िल्म निर्माण के क्षेत्र में चले गए, क्योंकि उन्होंने अनुमान लगाया कि लोग रोज़मर्रा की ज़िंदगी की निराशा और विनाश से पलायन करने के लिए फ़िल्म के टिकट ख़रीदने को तैयार होंगे। वे बिलकुल सही थे! फिर 1935 के आस-पास उन्होंने सोचा कि जब मंदी ख़त्म हो जाएगी, तो लोग यात्रा करना चाहेंगे, इसलिए उन्होंने ह्यूज एयरक्राफ़्ट कंपनी शुरू की और ख़ुद को विमानों के सरताज के रूप में स्थापित कर लिया। हॉवर्ड ह्यूज ने एक ज़रूरत देखी और भविष्य के सपने की ख़ातिर जोखिम लिया।

हममें से जो लोग महामंदी के बाद पैदा हुए हैं, उनके लिए नवीनतम मंदी मानव स्वभाव में रोचक सबक़ रही है। हमने देखा है कि लोगों ने रिकॉर्ड तोड़ ख़र्च और रिकॉर्ड तोड़ कर्ज़ व ऋण के स्तरों की आदत छोड़ दी है। उन्होंने अपनी आदतें बदली हैं, यहाँ तक कि एक सांस्कृतिक परिवर्तन भी हुआ है। हमने लेहमैन ब्रदर्स जैसी सम्मानित कंपनियों को कारोबार से बाहर जाते देखा है या फिर उनके प्रतिस्पर्धियों ने उन्हें ख़रीद लिया है। जो कंपनियाँ हमारे परिदृश्य का हिस्सा रही थीं, हमने उन्हें रातोंरात ग़ायब होते देखा है। हमने लोगों को उनकी जीवन भर की बचत और दीर्घकालीन निवेश गँवाते देखा है। हमने रिकॉर्डतोड़ संख्या में नीलामियाँ और आपातकालीन बिक्री देखी हैं। हमने लोगों को नौकरियाँ गँवाते देखा है और उनमें से कई को तो महीनों तक दूसरी नौकरी नहीं मिल पाई।

हम सभी ऐसे लोगों को जानते हैं, जो व्यक्तिगत रूप से प्रभावित हुए हैं और हम उनके लिए दुखी महसूस करते हैं। यह स्वाभाविक है कि बुरे समय की ख़बर हर दिन सुनकर हम मन ही मन सोचने लगें कि इसका हम पर क्या असर होगा। इससे एक बेचैनी उत्पन्न हो सकती है, जो किसी समुदाय, किसी शहर, किसी राज्य और यहाँ तक कि देश को भी अपनी चपेट में ले सकती है! लेकिन यह समय नहीं है कि हम अपने हाथ हवा में उठा दें और हिम्मत हार जाएँ। इसके बजाय यह तो समय है कि हम ऊपर देखें, ऊँचा सोचें और इस आर्थिक विपत्ति को विजय में बदलने के लिए नए विचार तथा रणनीतियाँ सोचें!

हमने मुश्किल दौर पहले भी देखे हैं और हम उनमें से प्रत्येक से बाहर निकले हैं। चुनौती से पहले हम जितने थे, उससे ज़्यादा बड़े, बेहतर और ज़्यादा शक्तिशाली बनकर उबरे हैं। हर मुश्किल स्थिति में लोगों ने जीतने की कुछ विशिष्ट कुंजियाँ खोजी हैं। मुश्किल दौर में भी कुछ लोग रहे हैं, जो किसी अर्थव्यवस्था के नींबू से शर्बत बनाने में कामयाब रहे हैं। कुछ लोग विपत्ति के बीच में अवसर के बीज देख लेते हैं। अमर पुस्तक *थिंक एंड ग्रो रिच* के लेखक नेपोलियन हिल ने कहा था, "हर विपत्ति, हर असफलता, हर निराशा अपने साथ समान या ज़्यादा बड़े अवसर के बीज लाती है!"

अनुभव की आवाज़ के सबक़

मैंने पाया है कि कुछ लोगों ने यह रहस्य जान लिया है कि मुश्किल आर्थिक दौर से बाहर कैसे निकलें और पहले से बेहतर कैसे बनें। मुझे अपने सिरियस एक्सएम रेडियो शो - *द विली जॉली वेल्दी वेज़ रेडियो शो* - में बहुत से ऐसे लोगों का इंटरव्यू लेने की ख़ुशी मिली है, जिन्होंने बेहतर बनकर मुश्किल आर्थिक दौर से बाहर निकलने का रहस्य जान लिया है। इस शो में विश्व के सर्वश्रेष्ठ और सबसे

तीव्रबुद्धि लोग सफलता तथा दौलत के बारे में अपने विचार और अंतर्दृष्टियाँ बताते हैं। मैंने डेव योहो का भी इंटरव्यू लिया है, जो प्रेरक व्याख्यान उद्योग में किंवदंती हैं। वे अंतरराष्ट्रीय स्तर पर लोकप्रिय वक्ता और व्यावसायिक परामर्शदाता हैं, जो पूरे देश में यात्रा करके अपने विचार बताते हैं। हालाँकि उनकी उम्र 80 के पार हो चुकी है, लेकिन उनमें अपनी उम्र से आधी उम्र वालों का जोश और ऊर्जा है तथा वे उन सबसे समझदार लोगों में से एक हैं, जिनका इंटरव्यू लेने की मुझे ख़ुशी मिली है।

डेविड 1920 के दशक में पैदा हुए थे, इसलिए उन्हें 1929 में शेयर बाज़ार के लुढ़कने का दौर अच्छी तरह याद है। उनके जेहन में उस महामंदी में बड़े होने की यादें अब भी मौजूद हैं। इंटरव्यू के दौरान उन्होंने कुछ महत्त्वपूर्ण आर्थिक सबक़ बताए, जो उन्होंने 80 से अधिक वर्षों में सीखे थे, जैसे यह तथ्य कि विश्व की अर्थव्यवस्थाओं के अच्छे दौर रहेंगे, जिनके बाद बुरे दौर आएँगे; और एक बार फिर अच्छा दौर आ जाएगा! जो लोग लंबे समय तक सफल होते हैं, उन्हें यह अहसास रहता है कि "यह दौर गुज़रने के लिए आया था... रुकने के लिए नहीं आया था।" जो लोग समझते हैं कि विपत्तियाँ बस कारोबारी प्रक्रिया का हिस्सा हैं, वही समृद्ध होते हैं; जबकि जो लोग विपत्तियों से होने वाले परिवर्तनों पर ही सोचते रहते हैं, वे आम तौर पर गिर जाते हैं। डेविड ने कहा, "मैं एक ऐसे समय में बड़ा हुआ था, जब हम मुश्किल दौर के सिवा किसी चीज़ को नहीं जानते थे। हमने सीखा कि मुश्किल समय क़ायम नहीं रहते, लेकिन सख़्तजान लोग क़ायम रहते हैं। आपको दहशत में नहीं आना चाहिए, बल्कि अपने लक्ष्यों पर काम करते रहना चाहिए। व्यक्तिगत उपलब्धि के प्रति समर्पण करके ही आप इस मुश्किल दौर के पार पहुँच सकते हैं!"

सच तो यह है कि विपत्तियाँ दरअसल जीवन का बस एक हिस्सा हैं और जीवन में चीज़ें बदलती हैं... रहस्य हार न मानना है! चुनौतियों के बावजूद बढ़ते रहें और विकास करते रहें। चाहे आप किसी भी उद्योग में हों, यह तय है कि उसमें परिस्थितियाँ बदलेंगी। कुंजी यह याद रखना है कि ये अस्थायी झटके आपको कारोबारी सफलता के ज़्यादा ऊँचे स्तर तक पहुँचने की शक्ति भी दे सकते हैं।

जब मैंने दूसरे लोगों से बात की, जिन्हें महामंदी याद थी, तो उन सभी ने कहा कि मुश्किल दौर जीवन का हिस्सा होते हैं, लेकिन अगर हम सिद्धांत समझ लेते हैं, तो हम उन्हें पार कर सकते हैं। यह सिर्फ़ संभावना नहीं, बल्कि जीवन का सत्य है। इसलिए यह अत्यंत महत्त्वपूर्ण है कि हम समस्या पर पूरा सोच-विचार करें और दहशत में न आएँ।

शांति की शक्ति कैसे विकसित करें

कुछ साल पहले टेलीविज़न पर एक डिओडोरेंट का विज्ञापन आता था, जिसमें कहा

गया था कि जो लोग सबसे सफल होते हैं, वे ठंडे, शांत और संयमित बने रहते हैं। मुझे लगता है कि संदेश डिओडोरेंट से कहीं ज़्यादा महत्त्वपूर्ण है। जब जीवन बावला हो जाता है, तो आपके पास एक विकल्प होता है : आप भी इसके साथ बावले हो सकते हैं, या फिर आप शांत रह सकते हैं। आप जो विकल्प चुनते हैं, उसके परिणाम या तो आपकी मदद करेंगे या फिर आपको चोट पहुँचाएँगे।

मैंने सीखा है कि हालाँकि कई लोग जानते हैं कि दहशत में आना अच्छी बात नहीं है, लेकिन इसके बावजूद चुनौती के पलों में वे दहशत में आते रहते हैं। ऐसा इसलिए है, क्योंकि वे यह नहीं जानते हैं कि शांत कैसे रहना है। खलबली के बीच शांत रहना एक चेतन निर्णय है और किसी अन्य योग्यता की तरह ही इसे भी विकसित करना होता है। जो लोग संकट के पलों में शांत रहने की क़ाबिलियत विकसित कर लेते हैं, वही सबसे ज़्यादा सफल होते हैं।

कैप्टेन चेसली "सली" सलेनबर्गर एक अंतरराष्ट्रीय नायक बन गए हैं, क्योंकि उनमें संभावित विनाश के बीच भी शांत रहने की क़ाबिलियत थी। वे उस दुर्घटनाग्रस्त अमेरिकी एयरवेज़ हवाई जहाज़ के पायलट थे, जिसके दोनों इंजन ख़राब हो गए थे। जब यह विमान न्यू यॉर्क सिटी के लागार्डिया हवाई अड्डे से उड़ान भर रहा था, तो यह पक्षियों के समूह से टकरा गया। मैनहैटन के ऊपर से उड़ते समय उन्हें अहसास हुआ कि उनका एक भी इंजन चालू नहीं था और विमान उतारने के लिए कोई उचित जगह भी नहीं थी, इसलिए उन्होंने शांति से फ़ैसला किया कि वे विमान को मैनहैटन के पार ले जाएँगे और इसे हडसन नदी में उतारने की कोशिश करेंगे। उन्होंने यह काम सफलतापूर्वक कर लिया और विमान में बैठे सभी 155 यात्रियों की जान बचा ली। *द वॉल स्ट्रीट जर्नल* ने बताया कि वाणिज्यिक जेट उड़ानों के 50 साल के इतिहास में यह पहली बार था, जब किसी पायलट ने तकनीकी दृष्टि से सबसे चुनौतीपूर्ण कामों में से एक - जेटलाइनर को पानी में उतारना - को सफलतापूर्वक किया था - जिसमें किसी की भी जान नहीं गई या गंभीर चोटें नहीं आईं।

मुझे कैप्टेन सलेनबर्गर के साथ मंच पर बैठने का अवसर मिला था। उन्होंने बताया कि जब उन्हें यह अहसास हुआ कि उनके सारे इंजन चले गए हैं, तो उन्होंने पहली चीज़ यह की कि उन्होंने दहशत में न आने का निर्णय लिया। उन्होंने शांत बने रहने और अपनी ऊर्जाओं को एकाग्र करने का निर्णय लिया। उन्होंने अपने विकल्पों के बारे में सोचा और जब उन्हें अहसास हुआ कि वे हवाई अड्डे तक नहीं लौट सकते, तो उन्होंने विमान को पानी में उतारने का फ़ैसला किया। उन्होंने कहा कि उन्होंने शांत रहने के लिए "ख़ुद को विवश किया," क्योंकि केवल शांत मन से ही वे इस तरह का काम सफलतापूर्वक कर सकते थे। विमान में बैठे कई लोग और उनके परिवार वाले दुर्घटना के कुछ सप्ताह बाद कैप्टेन सलेनबर्गर से मिले और उनकी तथा उनके प्रियजनों की जान बचाने के लिए उन्हें कोटि-कोटि धन्यवाद दिया।

वे इस प्रशंसा और टिप्पणियों से विनम्र हो गए, लेकिन उन्होंने कहा कि कुंजी शांत रहने, सकारात्मक तरीक़े से सोचने और संभावनाओं को देखने का निर्णय था। फिर यह उन संभावनाओं को हक़ीक़त में बदलने का मामला बन गया। शांत रहने और अपनी संभावनाओं के बारे में सोचने के लिए ख़ुद को विवश करें और फिर *अपनी* संभावनाओं को हक़ीक़त में बदलने के लिए काम में जुट जाएँ।

ऊँचा सोचें, फिर ऊपर बोलें, ख़ुद से बात करें और अपनी स्थिति के बारे में शक्ति से बात करें

ज़्यादातर लोगों को सकारात्मक आत्म-चर्चा की शक्ति का अहसास ही नहीं होता है। सबसे पहले तो आपको ऊँचा सोचना चाहिए, यानी सकारात्मक, ऊपर उठाने वाले विचारों पर ध्यान केंद्रित करें। जब आप ऊँचा सोचने लगते हैं, तो इसके बाद आप अगले स्तर यानी ऊपर बोलने पर पहुँच सकते हैं। ऊपर बोलने का मतलब है चेतन होकर ख़ुद के साथ सकारात्मक आत्म-चर्चा करना। यह थोड़ा मूर्खतापूर्ण लग सकता है, लेकिन ज़्यादातर लोग मन ही मन ख़ुद से नकारात्मक बातचीत करते रहते हैं। बहरहाल, जो लोग सकारात्मक चर्चा करना सीख लेते हैं, उनमें ज़्यादा जीतने की प्रवृत्ति होती है! अपने जीवन के बारे में अच्छा बोलें और अपनी स्थिति के बारे में शक्ति से बोलना सीखें। चुनौतीपूर्ण स्थितियों के बीच ख़ुद को शांत करने के लिए मैं इस तकनीक का इस्तेमाल बरसों से कर रहा हूँ। मैंने पाया है कि मेरे शब्द मेरे मन और आत्मा को राहत पहुँचा सकते हैं। ख़ुद से यह कहना महत्त्वपूर्ण है, "शांत रहो! शांत रहो! यह कोई बड़ी बात नहीं है! हर चीज़ बिलकुल सही हो जाएगी, बस शांत रहो!" यह बहुत आसान लगता है, लेकिन फिर भी यह बहुत प्रभावी है। मेरी सलाह है कि इसे आज़माकर देखें; आप पाएँगे कि यह कारगर है। आप अपने जीवन में शांति से बोलने का जितना अभ्यास करते हैं, आप चुनौतीपूर्ण स्थितियों को सँभालने में उतने ही ज़्यादा सक्षम होंगे। इसे ख़ुद आज़माकर देखें, परिणामों से आप हैरान रह जाएँगे!

स्थिति जैसी भी हो, सकारात्मक अंदाज़ में बोलें

ऐसे समय रहेंगे, जब समाधान तक पहुँचने के लिए आपको अपनी आस्था का इस्तेमाल करना होगा। मेरा मानना है कि चुनौतियों और ख़राब स्थितियों में भी सकारात्मक तरीक़े से बोलना सीखना महत्त्वपूर्ण है। मेरे जीवन में ऐसे पल रहे हैं, जब परिस्थितियाँ मेरे नियंत्रण से पूरी तरह बाहर थीं। उन पलों में मैंने अपनी आस्था और अपेक्षाओं के बारे में बात की। फलस्वरूप मेरे जीवन और हालात में शांति आ गई।

इसका एक उदाहरण देखें। बरसों पहले एक बार मैं अपनी माँ को नख-प्रसाधन कराने ले गया। जब मैं इंतज़ार कर रहा था, तो नख-प्रसाधन करने वाली एक अन्य महिला ने मुझे विश्वास दिला दिया कि मुझे भी अपने नाख़ून कटवा लेने चाहिए और चमकदार करवा लेने चाहिए। नाख़ून काटने से पहले हैंड लोशन से हर हाथ की मालिश होती थी। उसने मुझसे शादी की अँगूठी उतारने को कहा। मैंने प्रतिरोध किया, क्योंकि मैंने अभी-अभी अपनी शादी की दसवीं सालगिरह मनाई थी और मेरी पत्नी तथा मैंने एक दूसरे को एक जैसी ख़ास अँगूठियाँ दी थीं। उस महिला ने ज़ोर दिया कि मैं अपनी अँगूठी उतार लूँ। फिर वह मेरे हाथों पर लोशन लगाने लगी और उनकी अच्छी तरह मालिश करने लगी। जब वह काम ख़त्म कर रही थी, तो मेरी माँ बोलीं कि उन्हें एक अपॉइंटमेंट के लिए देर हो रही है। मैंने फटाफट उठकर भुगतान किया और माँ को कार तक ले गया। ज़ाहिर है, इस सबके बीच मैं अपनी शादी की सालगिरह वाली नई अँगूठी को भूल गया!

घर पहुँचकर मुझे अँगूठी की याद आई और मैंने सैलून फ़ोन लगाया, लेकिन यह बंद हो चुकी थी। मुझे बस इतना याद था कि मैंने अँगूठी काउंटर पर रखी थी और लाइन में मेरे बाद कई लोग थे। मैं यह सोच-सोचकर घबराने लगा कि कहीं उनमें से किसी ने संयोग से मेरी अँगूठी न उठा ली हो। मैंने इस बारे में जितना ज़्यादा सोचा, मेरे मन में उतने ही बुरे ख़याल आने लगे। मैं दहशत के बिंदु तक पहुँच गया, लेकिन फिर मुझे अहसास हुआ कि इस परिस्थिति में दहशत स्वस्थ प्रतिक्रिया नहीं थी। मैंने ख़ुद से बोलना शुरू किया, "चिंता मत करो! याद रखो विली, तुम धन्य हो और बहुत ज़्यादा कृपापात्र हो! सब कुछ अच्छा होगा!" मैंने यह कथन बार-बार दोहराया और इसे मंत्र की तरह बोलते हुए उस रात सोने गया : "चिंता मत करो! याद रखो विली, तुम धन्य हो और बहुत ज़्यादा कृपापात्र हो! सब कुछ अच्छा होगा!" अगली सुबह जैसे ही सैलून खुली, मैं वहाँ पहुँच गया और लपकते-झपकते उस काउंटर पर पहुँचा, जहाँ मैंने अपनी अँगूठी रखी थी - लेकिन यह वहाँ नहीं थी। मैंने उस महिला की तलाश की, जिसने मेरे नाख़ून तराशे थे, लेकिन वह अब तक नहीं आई थी। मैंने महसूस किया कि दहशत एक बार फिर मुझ पर शिकंजा कसने की कोशिश कर रही थी, लेकिन मैंने फ़ैसला किया कि इस स्थिति में मैं शांत विचार सोचूँगा। मैं अपना मंत्र दोहराता रहा। जब नाख़ून तराशने वाली महिला सैलून में आई, तो मैं दौड़कर उसके पास गया और उसे बताया कि काउंटर पर मेरी अँगूठी कहाँ छूटी थी। उसने मुझे बैठने को कहा। फिर उसने अपनी डेस्क का ऊपरी ड्रॉअर खोला और कहा, "यह लीजिए! मैंने यह सँभालकर रख ली थी। मेरे पास आपका नंबर नहीं था, इसलिए मैं आपको फ़ोन करके नहीं बता सकती थी, लेकिन मैंने इसे सँभालकर रख लिया था। मैं जानती थी कि यह आपके लिए महत्त्वपूर्ण थी और मैं यह सुनिश्चित करना चाहती थी कि यह आपको मिल

जाए!" मैंने उसे गले लगाया और धन्यवाद दिया। मैंने ख़ुद से कहा कि मैं हमेशा ख़ुद को शांत रहने की याद दिलाऊँगा और जीवन तथा चुनौतीपूर्ण स्थितियों में सकारात्मक बोलना सीखूँगा!

यह भी गुज़र जाएगा

पूरी *बाइबल* में हम यह वाक्यांश देखते हैं, "यह हुआ", जिसका आम तौर पर मतलब होता है कि कोई घटना या अनुभव पूर्णता तक पहुँचा। लेकिन इसका एक और अर्थ है और मेरा मानना है कि वह अर्थ इस मुश्किल दौर तथा इसके साथ जुड़ी असंख्य चुनौतियों की रोशनी में बेहद शक्तिशाली है। इसका अर्थ है कि यह स्थिति रुकने के लिए नहीं आई है, बल्कि यह गुज़रने के लिए, तेज़ी से चली जाने के लिए आई है।

तूफ़ानों की तरह ही आर्थिक तूफ़ान भी हमारी ज़िंदगी में कई बार आते हैं, लेकिन आपको यह तथ्य याद रखना चाहिए कि वे गुज़रने के लिए आते हैं, रुकने के लिए नहीं आते हैं... और मुश्किल समय में मैं यह कहने के लिए मशहूर हूँ, "यह भी गुज़र जाएगा!" मैं आपसे कहता हूँ, दहशत में न आएँ और किसी पुल से छलाँग लगाकर अपनी जान न दें, क्योंकि यह मुश्किल समय भी गुज़र जाएगा। यह गुज़रने के लिए आया था - यह रुकने के लिए नहीं आया था। यह भी गुज़र जाएगा!

अच्छे विकल्प चुनें

मैं अपने मित्र डोनाल्ड कूपर से मिला, जो कनाडा स्थित वक्ता और प्रशिक्षक हैं। उन्होंने मुझे एक कहानी बताई, जो उनके डैडी उन्हें सुनाते थे। उनके डैडी ने उनसे कहा कि अगर वे दूसरी तरफ़ पहुँचना चाहते हैं, तो वे बाड़ के बीच से जाने के लिए तैयार रहें। इस प्रक्रिया में खरोंचें आएँगी और असुविधा होगी, लेकिन एक बार जब आप बाड़ से गुज़रकर दूसरे छोर पर पहुँच जाते हैं, तो आश्चर्यजनक दृश्य दिखाई देंगे और मधुर ध्वनियाँ सुनाई देंगी, जिनका अनुभव कँटीली बाड़ से गुज़रे बिना नहीं किया जा सकता था। अगर आप ख़राब विकल्प चुनते हैं और ऊँची आशाओं तथा ऊँची अपेक्षाओं के साथ भविष्य को नहीं देखते हैं, तो आप ख़ुद को भविष्य में संभव अद्‌भुत चीज़ों के लिए सही जगह पर नहीं रख पाएँगे। दुर्भाग्य से, कई लोग दहशत में आकर ख़राब निर्णय ले लेते हैं और राई का पहाड़ बना देते हैं, जो आने वाले वर्षों में उन्हें सताते रहते हैं। कुछ तो इससे भी बुरे निर्णय लेते हैं, जिनमें वे अपने जीवन का अंत कर लेते हैं और ऐसा करके अस्थायी समस्याओं के लिए स्थायी निर्णय ले लेते हैं। कभी भी तूफ़ान में फँसने के कारण जीवन से न हारें - सूरज दोबारा चमकेगा! यह तूफ़ान भी गुज़र जाएगा!

आग में भी... शांत रहना सीखें

ऐसा समय होता है, जब जीवन आपा-धापी भरा और बावला हो जाता है। लेकिन जीवन बावला है, इसका यह मतलब नहीं है कि इसके साथ ही आपको भी बावला बन जाना चाहिए! जीवन में जीत उन्हीं की होती है, जो जीवन के बावलेपन के बीच शांत रहने में सक्षम होते हैं। आप शांत रहने का जितना ज़्यादा अभ्यास करते हैं, संकट के पल में आप उतने ही ज़्यादा शांत रह पाएँगे।

मेरे लिए संकट का एक पल तब आया, जब मेरी कार में आग लग गई। मैं व्याख्यान देने के लिए विस्कॉन्सिन और मिनेसोटा की यात्रा पर गया था। मेरी पत्नी डी मेरे साथ यात्रा नहीं कर रही थी, क्योंकि वह वर्जीनिया में महिलाओं के आश्रयस्थल में थी। उसे उस रविवार हमारी संप्रेषण योग्यता की कक्षा को पढ़ाना भी था। वह अपनी नई मर्सिडीज़ से विलियम्सबर्ग, वर्जीनिया तक गई और फिर वॉशिंगटन, डीसी लौटी। उसने मुझे सोमवार को हवाई अड्डे से लिया। दोपहर के कार्यक्रम के लिए हम नेशनल हार्बर, मैरीलैंड के रिसॉर्ट गए। कार्यक्रम के बाद हमने *बाइबल* अध्ययन के लिए अपने चर्च में रुकने का फ़ैसला किया। *बाइबल* के अध्ययन के बाद जब मैं पादरी से बात कर रहा था, तो कोई भागता हुआ आया और बोला, "विली, आपकी कार में आग लग गई है!" हम पार्किंग की तरफ़ भागे और हमने देखा कि हमारी कार सचमुच धू-धू करके जल रही थी।

पुलिस के अनुसार, मेरी पत्नी की कार में से धुआँ निकल रहा था। फिर हुड और डैशबोर्ड के नीचे से चिंगारियाँ तथा लपटें निकलने लगीं। पुलिस ने अग्निशामक विभाग को फ़ोन कर दिया। चूँकि विद्युत तंत्र जल चुका था और काम नहीं कर सकता था, इसलिए वे कार का दरवाज़ा या हुड नहीं खोल सकते थे। आग बुझाने के लिए उन्हें कुल्हाड़ी से खिड़कियों को तोड़ना पड़ा और हुड खोलना पड़ा।

जब हम वहाँ खड़े थे और अपनी कार को जलते हुए देख रहे थे, तो किसी ने पूछा कि हमारी क्या हालत है। मैंने कहा, "मैं धन्य और बहुत कृपापात्र हूँ! यह और कुछ नहीं, एक हल्का सा झटका है; और संकट और कुछ नहीं, बल्कि सफलता की सीढ़ी है!"

उसने पूछा, "आप जो बोलते हैं, सचमुच उस पर यक़ीन करते हैं, है ना?" मेरा जवाब था, "आपकी बात बिलकुल सही है! यह कोई बड़ा मामला नहीं है। देखिए, इस कार में आग तब भी लग सकती थी, जब डी कॉन्फ्रेंस में जा रही थी, हमारी क्लास में आ रही थी, मुझे हवाई अड्डे से लेने गई थी या मुझे अपने कार्यक्रम में लेकर गई थी। यही नहीं, आज रात जब हम चर्च आ रहे थे, तब भी आग लग सकती थी! मैं धन्य और बहुत कृपापात्र हूँ। मैं जानता हूँ कि संसार ख़त्म नहीं होगा। यह बस एक कार है। मैं एक कार की जगह दूसरी कार ला सकता हूँ। मैं अपनी

पत्नी की जगह दूसरी पत्नी नहीं ला सकता!"

लोग यह देखकर हैरान थे कि मैं इतना शांत कैसे था। लेकिन वे यह नहीं जानते थे कि मैंने शांत रहना *सीखा* था। मैंने यह सीखा था कि मैं बाहरी मुद्दों को अपने आंतरिक आनंद तथा शांति नष्ट नहीं करने दूँगा। ख़ुशी आम तौर पर आपके जीवन की "घटनाओं" का परिणाम होती है। लेकिन आनंद आपकी आंतरिक स्थिति का परिणाम होता है और मैंने बहुत पहले निर्णय लिया था कि मैं "चीज़ों" को अपना आनंद चुराने नहीं दूँगा या उसमें बाधा नहीं डालने दूँगा!

आप भी आंतरिक शांति विकसित कर सकते हैं, इस बावले दौर में भी। कैसे? एक तकनीक यह है कि ख़ुद से शांतिदायक बातें करने का संकल्प लें। ज़ोर से यह कहकर शांत बनने का अभ्यास करें, "शांत रहो और दहशत में मत आओ!" फिर ख़ुद से पूछें : *"क्या इस समस्या के कारण संसार रुक जाएगा?"* अगर जवाब नहीं है, तो आगे बढ़ जाएँ!

वैसे मैं आपको बाक़ी की कहानी बताना चाहता हूँ। मैं सचमुच मानता हूँ कि विपत्ति और कुछ नहीं, बल्कि संपत्ति की सीढ़ी होती है और आपको शांति तथा आस्था रखनी चाहिए। जैसा मैंने आपको बताया था, हमारी कार नई मर्सिडीज़ थी और जब मैंने मर्सिडीज़ वालों को यह वाकया बताया, तो वे काम में जुट गए और उन्होंने हमारे लिए एक ख़ास संस्करण वाली मर्सिडीज़ पहुँचा दी, जो हमारे मूल वाहन से ज़्यादा अच्छी थी और जिसमें उससे ज़्यादा तामझाम थे। इसीलिए आपको दहशत में नहीं आना चाहिए, न ही हिम्मत खोनी चाहिए, क्योंकि विपत्ति सचमुच संपत्ति की सीढ़ी है!

शांत रहें और ऊँचा सोचें

जब ज़िंदगी आपकी तरफ़ फिरकी गेंदें फेंकती है, तो वे एक लहर में आ सकती हैं और निश्चित रूप से अपने पीछे लहरें छोड़ सकती हैं। एक बार जब गतिविधि का तूफ़ान शुरू हो जाता है, तो हम आसानी से उसमें उलझ सकते हैं, और अगर हम ध्यान न रखें, तो हम भीड़ की मानसिकता में भी उलझ सकते हैं तथा पल के उन्माद में बह सकते हैं। ऐसा समय होता है, जब लोग कुछ सोचे-समझे बिना गतिविधियों में उलझ जाते हैं, फिर भी वे उन्हें इसलिए करते रहते हैं, क्योंकि बाक़ी सभी उन्हें कर रहे हैं। यह आम तौर पर आपाधापी की लहर में होता है, जिसमें लोग सोचने से पहले काम कर देते हैं। जब गायों के झुंड में भगदड़ मचती है, तो ऐसा इसलिए होता है, क्योंकि हर गाय भीड़ के साथ दौड़ने लगती है। हमने फ़ुटबॉल मैचों में भीड़ को पागलपन भरा व्यवहार करते और मूर्खतापूर्ण बातों पर एक-दूसरे से लड़ते देखा है। बाद में उन्हें ज़रा भी पता नहीं होता कि उन्होंने जो किया, वह क्यों किया। वे

इसे स्पष्ट नहीं कर सकते, वे तो बस यह सफ़ाई देते हैं कि यह सब "इतनी जल्दी हुआ कि मुझे पता ही नहीं था कि क्या हो रहा था! मैं तो बस इसमें उलझ गया!" इसीलिए शांत बने रहना महत्त्वपूर्ण है, तब भी जब आपके आस-पास के दूसरे लोग अपना संतुलन खो रहे हों। यह ध्यान रखें कि किसी दूसरे के पागलपन को अपना पागलपन न बनाएँ। मैं हमेशा शांति से रहने का संकल्प लेता हूँ, तब भी जब बाक़ी लोग अपने चारों ओर मँडराने वाले मुद्दों के बारे में अति रोमांचित हो रहे होते हैं। शांत बने रहें!

दृढ़ मस्तिष्क विकसित करें

क्योंकि ईश्वर ने हमें डर का भाव नहीं दिया है,
बल्कि शक्ति का, प्रेम का और दृढ़ मस्तिष्क का भाव दिया है!

—2 टिमोथी 1:7

ख़ुद से चर्चा करके सोचने व काम करने की शांत, नियंत्रित अवस्था में आ जाएँ। शांत, संतुलित, दृढ़ मस्तिष्क विकसित करें। आप चाहे जो करें, यह याद रखें कि ईश्वर ने आपको जीवन, शक्ति, प्रेम करने की क्षमता का वरदान दिया है। उसने आपको संतुलित, शांत मस्तिष्क क़ायम रखने का विकल्प दिया है। याद रखें, शांत रहना एक चुनाव है... इसलिए मेरी सलाह यह है कि आप इसका इस्तेमाल करें और इसे न गँवाएँ।

ख़ुद से बात करें और सोचने तथा काम करने की शांत व नियंत्रित शैली विकसित करना सीखें। यह अत्यंत महत्त्वपूर्ण है कि आप अपना संतुलन न खोएँ, क्योंकि एक बार जब आप संतुलन खो देते हैं, तो आप लड़ाई हार जाते हैं!

कड़का, फक्कड़ और आशाहीन

जब हम कड़के होते हैं, तो हर चीज़ बहुत बड़ी बन जाती है। हमारी राई जितनी समस्याएँ पहाड़ बन जाती हैं और हमारे दर्द भीमकाय बन जाते हैं। हम कड़के से फक्कड़ और आशाहीन तक बन सकते हैं। हम जानते हैं कि मुश्किल दौर लोगों को कई अलग-अलग तरीक़ों से प्रभावित कर सकते हैं। जब लोग अपनी नौकरी, अपना मकान या अपनी ज़िंदगी की बचत गँवा देते हैं, तो उनका व्यक्तिगत सुरक्षा का अहसास भी खो सकता है। मैंने पाया है कि जब भी मैं वर्तमान परिस्थितियों से बौखलाने लगता हूँ या जब व्यक्तिगत समस्याएँ मुझे अपनी चपेट में ले लेती हैं जिनका मेरे मानसिक होशोहवास पर विपरीत प्रभाव पड़ सकता है, तो मैं समझ जाता हूँ कि मुझे क़दम पीछे हटाने और अपना मानसिक संतुलन सही करने की ज़रूरत

है, ताकि मैं फिर से युद्ध में उतर सकूँ।

सबसे पहले तो मैं कहना चाहूँगा कि सफलता एक युद्ध है। यह आसान नहीं होगा; अगर यह आसान होता, तो हर कोई इसे कर लेता। किसी ने कहा था कि जीवन में या तो आपके सामने समस्या है, या आप अभी-अभी समस्या से निकले हैं या फिर आप किसी समस्या की ओर बढ़ रहे हैं। जीवन चुनौतीपूर्ण है, लेकिन फिर भी यह संघर्ष करने लायक़ है!

अगर आप डिप्रेशन में हैं, तो आप क्या करें? सबसे पहले तो यह पता लगाएँ कि आपका डिप्रेशन रासायनिक है या भावनात्मक। रासायनिक डिप्रेशन का इलाज किसी डॉक्टर से कराएँ, क्योंकि यह चिकित्सा संबंधी मुद्दा है और इसमें चिकित्सक के इलाज की ज़रूरत होती है। लेकिन कुछ डिप्रेशन उस भावनात्मक कष्ट की वजह से भी होता है, जो हमारे मन पर भारी नकारात्मक जानकारी और संसार संबंधी हमारे दृष्टिकोण की वजह से उत्पन्न होता है। अध्ययनों ने दर्शाया है कि नकारात्मक जानकारी की सतत बाढ़ हमारी भावनात्मक अवस्था और जीवन के प्रति हमारे नज़रिये को बदल सकती है। हम सभी ने कभी न कभी मुश्किल दिन का अनुभव किया होगा, जब "मर्फ़ी" हमारे पास आ जाता है (आप मर्फ़ी का नियम जानते ही होंगे : जो भी चीज़ गड़बड़ हो सकती है, गड़बड़ हो जाएगी - वह भी सबसे बुरे संभव समय पर)। जब आपके पास जीवन में ऐसे पल आएँ, तो मेरी सलाह है कि आप भावनात्मक प्रतिक्रिया न करें और अपनी भावनाओं से आगे बढ़ने का निर्णय लें; उन्हें अपने ऊपर हावी न होने दें।

जब ज़िंदगी आपकी तरफ़ कुछ गंभीर परेशानियाँ उछालती है और डिप्रेशन आप पर हावी होने की कोशिश करता है, तो यह अत्यंत महत्त्वपूर्ण है कि आप अपनी सोच को नए सिरे से ढालें। यहाँ पर कुछ सरल क़दम हैं, जिनकी मैं सलाह देता हूँ।

अपने परिवेश को बदल लें

आप जिस जगह हों, उसे छोड़ दें और परिवेश को बदल लें। कहीं टहलने चले जाएँ, कार से सैर करने चले जाएँ या इमारत के अलग क्षेत्र में चले जाएँ। कुंजी उस पल के माहौल को बदलकर एक नया माहौल तथा नया दृष्टिकोण पाना है। इस बदलाव का आपकी भावनाओं पर ज़बर्दस्त असर हो सकता है।

कुछ साल पहले जब मेरी युनिस आंटी का देहांत हुआ, तो मुझ पर डिप्रेशन हावी होने लगा। युनिस आंटी मेरी दूसरी माँ जैसी थीं और जब लंबी बीमारी के बाद मेरी माँ का देहांत हुआ, तो युनिस आंटी मेरी माँ बन गईं। मैं हर सप्ताह उनसे बात करता था। उनकी मृत्यु से मुझे बहुत सदमा लगा और मुझे अहसास हुआ कि मुझे अपनी सोच को दोबारा ढालना चाहिए। मैंने अपने स्टाफ़ को बताया कि मैं

बाहर जा रहा हूँ और मैं अपने ऑफ़िस के क़रीब वाले पार्क में कार से गया। जब मैंने वहाँ का सुंदर नज़ारा देखा, तो मैंने ख़ुद से वे सवाल पूछे, जो मैं अक्सर उन परिवारों को भी बताता हूँ, जिन्होंने अपने प्रियजन खो दिए हैं : "क्या आप कोसेंगे, क्योंकि गुलाब की झाड़ी में काँटे हैं? या फिर आप जश्न मनाएँगे, क्योंकि काँटों की झाड़ी में गुलाब हैं? क्या आप कोसेंगे, क्योंकि आपका प्रियजन संसार से चला गया है, या फिर आप जश्न मनाएँगे, क्योंकि आपका प्रियजन संसार में आया था?" मुझे अहसास हुआ कि मुझे युनिस आंटी के साथ बिताए वर्षों का जश्न मनाना चाहिए। जब मैंने यह सोचा कि युनिस आंटी का मेरे जीवन में आना मेरे लिए सौभाग्य की बात थी, तो मैं बेहतर महसूस करने लगा। फिर मैंने अपना प्रिय कथन याद किया, जो मशहूर लेखिका और कवयित्री माया एंजेलू का था। उन्होंने कहा था, "अगर आपको कोई चीज़ पसंद नहीं है, तो उसे बदल लें। अगर आप उसे नहीं बदल सकते, तो अपना नज़रिया बदल लें।" मैं परिस्थितियों को नहीं बदल सकता था, इसलिए मैंने अपने नज़रिये को बदलने का निर्णय लिया और इसने मेरी सोच तथा मेरी मनोदशा को बदल दिया।

कृतज्ञता के नज़रिये के साथ अपनी सोच को नए सिरे से बनाएँ

निराशा को हराने और डिप्रेशन के भाव से उबरने की एक और शक्तिशाली तकनीक अपनी ज़िंदगी की उन चीज़ों के बारे में सोचना है, जिनके लिए आप कृतज्ञ हैं। पल भर का समय निकालकर उन चीज़ों पर ध्यान केंद्रित करें, जो आपके पास हैं। उन चीज़ों पर ध्यान केंद्रित न करें, जो आपके पास नहीं हैं। जैसा मेरे मित्र डब्ल्यू मिचेल ने विमान दुर्घटना में अपाहिज होने के बाद कहा था, "अपाहिज होने से पहले मैं 10,000 चीज़ें कर सकता था। अब 9,000 कर सकता हूँ। मैं या तो उन 1,000 पर ध्यान केंद्रित कर सकता हूँ, जो मैंने खो दी हैं या फिर मैं उन 9,000 पर ध्यान केंद्रित कर सकता हूँ, जो मेरे पास बची हैं।"

कृतज्ञता का नज़रिया विकसित करने और आपकी सोच को नए सिरे से बनाने वाली एक और तकनीक है। तकनीक यह है कि जो चुनौतियाँ आपको नीचे गिराने की कोशिश कर रही हैं, उनके बारे में बात करते वक़्त "कम से कम" शब्द जोड़ दें। मिसाल के तौर पर : "मेरी तनख़्वाह कम हो गई, लेकिन कम से कम मेरे पास अब भी नौकरी तो है" या "मेरी नौकरी चली गई, लेकिन कम से कम मेरे पास अब भी सेहत तो है!" या "मैं बीमार हूँ, लेकिन कम से कम मैं अब भी इस संसार में तो हूँ!" जब आप "कम से कम" वाक्यांश जोड़ते हैं, तो आप अपनी सोच को बदल रहे हैं। इससे आपका ध्यान एक अलग दृष्टिकोण - सकारात्मक दृष्टिकोण - पर केंद्रित हो जाता है और वहाँ से आप अपनी सोच को दोबारा बनाना तथा डिप्रेशन

की पकड़ से छूटना शुरू कर सकते हैं। जब आपके पास कृतज्ञ नज़रिया होता है, तो आप जीवन को एक अलग दृष्टिकोण से देखते हैं। हर दिन छुट्टी जैसा लगता है। हर भोजन किसी दावत जैसा होता है और पानी पीना हर बार जीवन तथा प्रेम की भव्य यात्रा के जाम जैसा होता है। कृतज्ञता के नज़रिये के साथ जिएँ!

दूसरों की मदद करने की सोचें

यह बहुत छोटी बात लगती है, लेकिन है बहुत असरदार। समाज-वैज्ञानिकों ने पाया है कि ख़ुद से ध्यान हटाकर दूसरों की मदद करने पर केंद्रित करने से डिप्रेशन में लाभ हो सकता है। दूसरों की ओर देखकर और उनकी मदद करने के तरीक़े खोजकर आप संस्कृति का मूल्यवान हिस्सा तथा प्रकृति की सहायक शक्ति बन सकते हैं। अपना ध्यान और ऊर्जा दूसरों पर केंद्रित करके आप अपनी समस्याओं को कम कर सकते हैं और इससे आपको अहसास होता है कि आप कितने धन्य हैं। यह उस पुरानी कहावत की तरह है, "मैं ख़ुद के लिए अफ़सोस कर रहा था, क्योंकि मेरे पास जूते नहीं थे, जब तक कि मैंने उस व्यक्ति को नहीं देखा, जिसके पास पैर ही नहीं थे।" अगर आप अपना ध्यान अपनी समस्याओं से हटा लेते हैं और अपनी आँखें आस-पास वाले लोगों की स्थितियों और परिस्थितियों के प्रति खोल लेते हैं, तो आपको दूसरों की मदद करने और इस तरह ख़ुद की मदद करने का अवसर मिल जाएगा!

मैं आपको सलाह देता हूँ कि आप दूसरों को ऊपर उठाने और प्रोत्साहित करने की कोशिश करें, क्योंकि इसका आप पर ज़बर्दस्त प्रभाव पड़ सकता है। मुझे लगता है कि अगर आप दूसरों की मदद करना चाहते हैं और उन पर थोड़ा सा इत्र छिड़कते हैं, तो ऐसा हो ही नहीं सकता कि उसकी कुछ ख़ुशबू आपसे न चिपके। दूसरों की मदद करें, क्योंकि इस तरह दरअसल आप ख़ुद की मदद कर रहे हैं!

अंदर आने वाली जानकारी बदलें

डिप्रेशन को हराने और अपनी मनोदशा बदलने का एक और तरीक़ा यह है कि आप अपने अंदर आने वाली जानकारी को बदल लें! आप जो अंदर डालते हैं, उसी से तय होता है कि बाहर क्या निकलेगा। जो नकारात्मक जानकारी आपको डिप्रेशन की राह पर लाई है, उस पर ध्यान केंद्रित न करें। इसके बजाय मेरी सलाह यह है कि आप उन चीज़ों से अपना ध्यान हटा लें, जिन्होंने आपको डिप्रेशन की दिशा में भेजा था और अपना ध्यान दूसरी किसी जगह केंद्रित कर लें।

मेरे मामले में संगीत मेरी भावनाओं को ऊपर उठाने का ज़बर्दस्त साधन है। वास्तव में, मैंने हर दिन मनोबल बढ़ाने वाला संगीत सुनने की आदत डाल ली है,

चाहे मेरे जीवन में कुछ भी चल रहा हो; इससे मैं हमेशा बेहतर महसूस करने लगता हूँ। कई बार, यह मुझे निचले बिंदु से ऊपर उठाता है और मेरे संतुलन को दोबारा सामान्य बिंदु तक ले आता है।

मैं कुछ साल पहले का वह समय कभी नहीं भूल पाऊँगा, जब मैं अन्नापोलिस, मैरीलैंड के एक होटल के बड़े समारोह में व्याख्यान देने गया था। कार्यक्रम शाम को था और मैं एक रात पहले ही होटल पहुँच गया, ताकि होटल में कुछ समय बिता लूँ और कर्मचारियों की संस्कृति के बारे में ज़्यादा जानकारी हासिल कर लूँ। सुबह घूमने-फिरने के बाद दोपहर को मेरे पास ख़ाली समय था, इसलिए मैंने अपने कमरे में आकर टेलीविज़न चला दिया। मैं सोच रहा था कि कुछ देर देखने के बाद थोड़ी तैयारी कर लूँगा। फ़िल्म *सेलेना* शुरू हो रही थी और इसने मेरा ध्यान जकड़ लिया। मैंने इस सुंदर युवती के बारे में सुना था, जो हिस्पैनिक समुदाय में सुपरस्टार बन गई थी। कहानी रोचक थी और बेहतरीन संगीत के कारण मैं इसकी ओर खिंचा चला गया। मैंने बैठकर पूरी फ़िल्म देखी, जिसके अंत में एक पागल प्रशंसक ने इस सुंदर युवती को दुखद रूप से मार डाला। मैंने उसके परिवार तथा समुदाय को शोक मनाते देखा और मैं बहुत ग़मगीन हो गया। मैं डिप्रेशन का शिकार हो गया था! तभी मुझे अहसास हुआ कि लगभग एक घंटे बाद ही मुझे होटल के बॉलरूम में बहुत सारे लोगों के सामने बोलना है। मैं जानता था कि मुझे इस डिप्रेशन से उबरना है और वह भी तुरंत, इसलिए मैंने अपना आईपॉड निकाला और "यू हैव गॉट टु कीप किकिंग" बजाने लगा। यह गीत मेरे मित्र टोनी टेलर ने लिखा था, जो मेरे एक एलबम में आ चुका था। इस गीत को सुनते ही दुख तुरंत काफ़ूर हो गया और मैं अच्छा महसूस करने लगा। जब मैंने अपनी "पॉवर प्ले लिस्ट" के ज़्यादा गीत सुने, तो मेरी शक्ति और ज़्यादा बढ़ी और कुछ ही समय में मैं बाहर निकलकर उस श्रोतासमूह को प्रेरित करने के लिए पूरी तरह तैयार हो चुका था!

बाइबल में उल्लेख है कि किंग सॉल डिप्रेशन के शिकार थे और जब भी "दुखद भाव" उन्हें सताता था, तो वे डेविड को बुला लेते थे कि वे दुख से बाहर निकालने के लिए अपनी वीणा बजाएँ। कहा जाता है कि संगीत जंगली पशु को भी शांत कर सकता है, हमारे भीतर के जंगली पशु को भी!

प्रेरक और मनोबल बढ़ाने वाला संगीत आपके दिन को उजला कर सकता है और आपको आशा दे सकता है। अगर आपके पास भविष्य के लिए आशा है, तो इससे आपको वर्तमान में शक्ति मिल जाती है! मेरा यह बहुत प्रिय कथन सोलह आने सच है : "संगीत में ऐसी सम्मोहन शक्ति है कि यह किसी जंगली पशु को शांत कर सकता है, पत्थरों को नर्म कर सकता है या गाँठदार वृक्ष को झुका सकता है!"

ख़ुद को शुद्ध, शक्तिशाली और सकारात्मक चीज़ों से भर लें

अपनी सोच को दोबारा ढालने और डिप्रेशन को हराने का एक और तरीक़ा यह है कि आप ख़ुद को शुद्ध, शक्तिशाली और सकारात्मक चीज़ों से भर लें। अपने मनोबल को ऊपर उठाने के लिए ऐसे दृढ़ संकल्पों और कथनों की सूची बनाएँ, जो आपके आदर्शों के सामंजस्य में हों। मैं अक्सर धर्मग्रंथ के संदर्भों का सहारा लेता हूँ, जैसे, "अगर ईश्वर हमारे साथ है, तो हमारे ख़िलाफ़ कौन टिक सकता है?" (रोमन्स 8:28-31 एनकेजेवी) या "लेकिन जो ईश्वर पर भरोसा करते हैं, उनकी शक्ति दोबारा नई होगी; वे बाज जैसे पंखों से ऊपर उठेंगे; वे दौड़ेंगे लेकिन थकेंगे नहीं; और वे चलेंगे, लेकिन कमज़ोर नहीं होंगे" (इसाइया 40:31 एनकेजेवी)।

मैं उत्साहवर्धक और प्रेरक कथनों की एक सूची बनाने की सलाह देता हूँ, जिनका इस्तेमाल आप चुनौतीपूर्ण स्थितियों में कर सकें। मेरे प्रिय कथन ये हैं :

- संकट और कुछ नहीं, बल्कि सफलता की सीढ़ी है!
- सर्वश्रेष्ठ आना अभी बाक़ी है।
- चाहे जो हो जाए, मैं जानता हूँ कि मैं धन्य और बहुत ज़्यादा कृपापात्र हूँ!
- अगर मैं शून्य तक नीचे पहुँच गया हूँ, तो मैं जानता हूँ कि ईश्वर कुछ करने वाला है... और स्थिति चाहे जैसी हो, अगर ईश्वर मेरे साथ है, तो मैं बहुमत में हूँ!

मैंने सीखा है कि हमें अपने जीवन में शक्ति बढ़ाने वाले शब्द बोलने चाहिए, क्योंकि हमारे शब्दों का हमारी सोच और भावना पर असर होता है! इसलिए मैं सलाह देता हूँ कि आप डिप्रेशन के नाटक से जूझने के लिए धर्मग्रंथों के वाक्य और प्रेरक कथन याद कर लें।

आराम करें और तरोताज़ा हों

डिप्रेशन का एक और इलाज आसान लेकिन असरदार है - थोड़ा आराम करके ख़ुद को तरोताज़ा करें। कई बार, आपको कहीं दूर जाकर आराम करने और तरोताज़ा होने की ज़रूरत होती है, ताकि आप दोबारा मैदान में उतर सकें। मुझे याद है कि एक ख़ास मुश्किल दिन के बाद मैंने अपने मित्र ग्रेग ओवन से बात की, जो सिडनी, ऑस्ट्रेलिया में रहने वाले उद्यमी और सफलता विशेषज्ञ हैं। ग्रेग ने कहा, "विली, यह एक मुश्किल युद्ध है, इसलिए मैं एक एस्पिरिन लेकर सोने जा रहा हूँ और जब मैं जागूँगा, तो दोबारा लड़ने के लिए तैयार हो जाऊँगा!"

कई बार आपको बस आराम करने और तरोताज़ा होने की ही ज़रूरत होती

है। हम सभी इंसान हैं, इसलिए हम थक जाते हैं और ख़ुद को तरोताज़ा करने के लिए हमें आराम की ज़रूरत होती है। उचित आराम, व्यायाम और उचित आहार करना सीखें। इसका डिप्रेशन के साथ आपके युद्ध पर गहरा प्रभाव पड़ सकता है।

कई लोगों ने कहा है कि ऊँची सफलता या तो प्रेरणा या फिर निराशा का परिणाम होती है। मुझे लगता है कि इस कथन में सच्चाई है। कई बार हमारे सबसे अच्छे विचार अतिवादी स्थितियों में उत्पन्न होते हैं, जब हम पर जीतने का दबाव होता है, लेकिन हम दहशत में नहीं आते हैं। दबाव में होने और दहशत में होने के बीच एक महीन रेखा होती है, लेकिन विजेता जानते हैं कि यह एक ऐसी रेखा है, जिसे वे पार नहीं कर सकते। आत्मविश्वास और घमंड के बीच भी एक महीन रेखा होती है; सफल होने वाले लोग यह पता लगा लेते हैं कि यह रेखा कहाँ है और वे इसे न लाँघने का अनुशासन विकसित करते हैं।

ब्लैक एंटरटेनमेंट टेलीविज़न के संस्थापक और अरबपति व्यवसायी बॉब जॉनसन ने कहा था, "जो हथौड़ा काँच तोड़ता है, वही इस्पात को ढालता है!" चुनौतियाँ और मुश्किलें हम सभी के जीवन में आती हैं, लेकिन हमें अपना विकास करना चाहिए, ताकि हम सिर्फ़ उन चुनौतियों से गुज़रने में ही सक्षम न हों, बल्कि उनके ज़रिये विकास भी करें। जीवन की चुनौतियों पर हमारी प्रतिक्रिया ही यह तय करती है कि जीवन के दबाव हमें कैसे प्रभावित करते हैं। ये दबाव हमें ऊपर उठा सकते हैं और बेहतर बना सकते हैं - या फिर वे हमें नीचे गिरा सकते हैं और कटु बना सकते हैं।

मेरी सलाह है कि आप जीवन के दबावों का इस्तेमाल ख़ुद को उस हीरे में बदलने के लिए करें, जो बनने के लिए आप पैदा हुए थे! बस इससे सही-सलामत रहकर गुज़रना ही काफ़ी नहीं है; इसके ज़रिये विकास करें! दहशत में न आएँ!

मेरे अच्छे मित्र, वक्ता और लेखक डॉ. टेरी पॉलसन ने एक बेहतरीन पुस्तक लिखी है, जिसका शीर्षक है *द ऑप्टिमिज़्म एडवांटेज : 50 सिम्पल ट्रूथ्स टु ट्रांसफ़ॉर्म युअर एटीट्यूड एंड एक्शन्स इनटु रिज़ल्ट्स* (जॉन वाइली एंड सन्स, इंक., 2010)। इस पुस्तक में वे भारी सफलता और दौलत हासिल करने के लिए आशावाद का उपयोग करने की ज़बर्दस्त हिमायत करते हैं। वे लिखते हैं :

> आशावाद के लाभ का दावा करना प्रेरक प्रचार ही नहीं है। आशावाद एक नज़रिया है, जो बाधाओं से उबरने के इतिहास से हासिल होता है। आपने अतीत में जितने ज़्यादा संकटों और विपत्तियों का सामना किया है, आपको उतना ही ज़्यादा विश्वास होता है कि आप उस अगली विपत्ति से निबट सकते हैं, जो ज़िंदगी आपकी ओर उछालती है। मुश्किल समय भारी सफलता के आरंभ स्थल बन सकते हैं। आशावादी यथार्थवादी होते हैं, जो

समस्याओं से कतराने के बजाय उन्हें सुलझाते हैं। वे जानना चाहते हैं कि वे किन बाधाओं का सामना कर रहे हैं, ताकि वे समाधान खोजने में जुट सकें। आशावादी समझते हैं कि दौलत दरअसल आमदनी और प्रभाव का प्रतिच्छेदन है। आप ख़ुद को समस्याएँ सुलझाते हुए जितना ज़्यादा देखते हैं, आप उतने ही ज़्यादा काम में जुटते हैं और आपको उतना ही ज़्यादा पैसा मिलता है। हर दिन अपनी चिंता को सृजनात्मक कार्य में बदलने का संकल्प लें। एक दिन में इसे एक बार करें, बस इसे कर दें और इसे होने दें। हर सफल उद्यमी आपको बता देगा कि दौलत की यात्रा बंद दरवाज़ों, संकटों और असफलताओं से भरी होती है। साथ ही यह रास्ते में सफलता हासिल करने की संतुष्टिदायक ख़ुशी से भी भरी होती है। कभी भी किसी को यह न कहने दें कि आप परिस्थितियों के शिकार हैं; आप एक लचीले उत्तरजीवी हैं, जो अपने सपने को जीने का चुनाव कर रहे हैं। दौलत एकमात्र लक्ष्य नहीं है; वास्तव में यह अपनी प्रतिभाओं को एक उद्‌देश्य में लगाने का सह-उत्पाद है, जो ऐसा फ़र्क़ डालता है, जिसके लिए लोग भुगतान करने को तैयार होते हैं। जब आप अपनी प्रतिभाओं को ढूँढ़ लेते हैं, अपने उद्‌देश्य को पहचान लेते हैं और एक सकारात्मक नज़रिये का दावा करते हैं, तो दौलत और सार्थकता आपकी ओर आने लगती हैं!

2

स्वैच्छिक सामूहिक अफ़सोस में शामिल न हों

मुझे यह कहना पसंद है, "बहुत सारे लोग भीड़ के पीछे चलते हैं, भले ही भीड़ ग़लत दिशा में जा रही हो।" यह कहने के बाद मैं आपको यह निर्णय लेने के लिए प्रोत्साहित करता हूँ कि आप सामूहिक अफ़सोस करने में इच्छा से शामिल नहीं होंगे। इस कथन में निर्णायक शब्द हैं : "इच्छा से।"

कई साल तक जब मैं आर्थिक मंदियों के बारे में बोलता था, तो मैं फटाफट कह देता था, "मैं इस मंदी में शामिल नहीं हो रहा हूँ!" यह तब तक अच्छा चला, जब तक कि मुझे इस बात का अहसास नहीं हुआ कि मुश्किल आर्थिक दौर का प्रभाव हर व्यक्ति पर पड़ता है। इसके अलावा, मुझे यह अहसास भी हुआ कि जिस व्यक्ति ने अभी-अभी अपना मकान या रिटायरमेंट की बचत गँवाई है, उससे "शामिल नहीं होने" की बात कहना थोड़ा अटपटा था। मेरा मक़सद अटपटा होना नहीं था, लेकिन जो इंसान किसी भयंकर आर्थिक दु:स्वप्न में जी रहा हो, उसे यह बताना मुश्किल था कि वह अपने जीवन में हो रही चीज़ों को नज़रअंदाज़ कर दे। अपने दिल में मैं लोगों को बताना चाहता था, "निराशा और विनाश की बातों के तथा बुरी ख़बर व नकारात्मक सोच के क़ायल न बनें!" आप चाहे कितनी भी कोशिश कर लें, आप जीवन में कुछ घटनाओं के प्रभाव से नहीं बच सकते।

मुझे अपने संदेश के बारे में सोचना था और एक ज़्यादा स्पष्ट कथन बनाना था, ताकि आर्थिक संकट में फँसे अनिच्छुक लोगों को शक्ति मिले और परवाहपूर्ण संदेश पहुँचे। इस बारे में सोचने पर मुझे अहसास हुआ कि हम यह चयन तो नहीं कर सकते कि आर्थिक मंदियाँ हमें घसीटें या नहीं, लेकिन हम इच्छा से शामिल न होने का चयन ज़रूर कर सकते हैं! दूसरे शब्दों में, हमें क़तार में नहीं लगना है और नकारात्मक काम नहीं करना है। हमें समस्या में योगदान नहीं देना चाहिए; हमें तो समस्या का समाधान बनना चाहिए।

जब हम इच्छा से शामिल होते हैं, तो हम स्वैच्छिक शिकार बन जाते हैं। स्वैच्छिक शिकार वह व्यक्ति है, जो इच्छा से ख़ुद को शिकार बनने की स्थिति में रखता है। मैं डोनाल्ड ट्रम्प का शो *द अप्रेंटिस* देख रहा था और हारने के इच्छुक लोगों के प्रति उनका यही नज़रिया था। एक युवती पराजित टीम का हिस्सा थी, लेकिन वह अपनी टीम की हार के लिए क़तई ज़िम्मेदार नहीं थी। बहरहाल, टीम लीडर का समर्थन करने के लिए वह स्वेच्छा से टीम लीडर के साथ बोर्डरूम चली गई, हालाँकि वह उन अपराधियों में से नहीं थी, जिनकी वजह से नुक़सान हुआ था। जब ट्रम्प ने पूछा कि वह बोर्डरूम में क्यों आई थी, तो उसने बताया कि उसने स्वेच्छा से ऐसा किया था। ट्रम्प ने उसे तुरंत नौकरी से निकाल दिया! उन्होंने कहा, "कभी भी स्वेच्छा से मृत्युदंड की क़तार में मत लगो! यदि ज़रूरत न हो, तो उस इलाके के आस-पास भी मत फटको!" सबक़ मुश्किल था, लेकिन यह सही था। कठोर अर्थव्यवस्था में बहुत सारे लोग मृत्युदंड वाली क़तार में खड़े हो जाते हैं, जबकि उन्हें ऐसा करने की कोई ज़रूरत नहीं है। उन लोगों के साथ क़तार में न लगें, जिन्होंने अपने युग की निराशा और विनाश का नज़रिया अपनाने का निर्णय लिया है। उन भेड़ों जैसे न बनें, जो जिबह की क़तार में खड़ी होती हैं!

मुझे विश्वास है कि इच्छुक भागीदार बनना काफ़ी कुछ वैसा ही है, मानो आपने अपनी पीठ पर *मुझे लात मारो* का संकेत टेप से चिपका रखा हो। ज़िंदगी आपको लात मारेगी और मारती रहेगी, बशर्ते आप इसे ऐसा करने दें। मैं अक्सर कहता हूँ कि ज़िंदगी ऐसे लोगों की तलाश करती है, जिन्हें यह लात मारकर नीचे गिरा सके और नीचे ही रख सके; जो लोग विद्रोही होते हैं, उन्हें ज़िंदगी अकेला छोड़ देती है। अगर आप लड़ने और विद्रोही बनने के इच्छुक हैं, तो ज़िंदगी आम तौर पर आपको अकेला छोड़ देगी और गिराने के लिए किसी कमज़ोर इंसान की तलाश करेगी, जिसे यह नीचे गिराए रख सके।

मैं बहुत यात्राएँ करता हूँ और एक यात्रा में मैं हवाई अड्डे गया। मुझे फटाफट अपना लगेज चेक कराकर फ़्लाइट में चढ़ना था। जाड़े का सर्द दिन था, इसलिए मैं अपना सामान चेक कराने के लिए अंदर के चेक-इन इलाके में गया, लेकिन वहाँ क़तार बहुत लंबी थी। मैं जानता था कि लंबी क़तार की वजह से मैं फ़्लाइट नहीं पकड़ पाऊँगा; मुझे दूसरे विकल्पों की तलाश करनी थी। मैं अपने कोट के बटन बंद करके बाहर निकला, क्योंकि आम तौर पर बाहर सामान की जाँच कराने का एक काउंटर होता है। वहाँ ठंड ज़्यादा थी, लेकिन क़तार काफ़ी छोटी थी। मैंने फटाफट अपने लगेज की जाँच कराई और अपनी फ़्लाइट पकड़ने चल दिया।

जब मैं अंदर की क़तार के पास से गुज़रा, तो मुझे वहाँ एक युवती दिखी, जो चिंता से घड़ी देख रही थी और काफ़ी दुखी दिख रही थी। मैंने रुककर उससे पूछा कि सब ठीक तो है। उसने कहा कि वह काफ़ी समय से क़तार में लगी है और उसे

अपने सामान की जाँच करानी है। मैंने उससे पूछा कि वह इस क़तार में क्यों खड़ी है, जबकि दूसरे विकल्प मौजूद हैं। इस पर उसका जवाब था, "क्योंकि हर व्यक्ति इसी क़तार में खड़ा था!" मैंने हवाई अड्डे के कुली को बुलाया, जिसने उस समय मेरी मदद की थी और उससे पूछा कि क्या वह उस युवती की मदद कर सकता है। उसने युवती का टिकट देखकर कहा, "अब बहुत देर हो चुकी है! फ़्लाइट जा चुकी है!" वह युवती अपनी फ़्लाइट सिर्फ़ इसलिए चूक गई, क्योंकि उसने सोचा कि दूसरे विकल्प मौजूद नहीं थे, इसलिए वह दूसरे लोगों के साथ क़तार में खड़ी हो गई थी।

जीवन में दूसरे लोगों के साथ क़तार में न खड़े हों... विकल्पों की तलाश करें। ईसा मसीह ने कहा था, "और अगर अंधे अंधों का नेतृत्व करते हैं, तो दोनों ही गड्ढे में गिर जाएँगे।" (मैथ्यू 15:14 एनकेजेवी)। मैं लोगों को विकल्प देखने और वह निर्णय लेने के लिए प्रोत्साहित करता हूँ, जो उनके लिए सबसे अच्छी तरह काम करता है। *मुझे लात मारो* का साइन बोर्ड अपनी पीठ से उतार दें और यह मानसिकता बना लें कि आप आर्थिक मंदी, डिप्रेशन या किसी दूसरी चीज़ में *इच्छा से* सहभागी नहीं बनेंगे। आप यह महसूस कर सकते हैं, लेकिन आपको इच्छुक समूह में जाने की ज़रूरत नहीं है। बहुत सारे लोग भीड़ का अनुसरण करते हैं, भले ही भीड़ ग़लत दिशा में जा रही हो।

हमें कम से कम यह करना चाहिए कि लड़े बिना यथास्थिति के साथ न जाएँ। मेरे ऑफ़िस की दीवार पर एक कथन लगा है, "जीवन इलाके के लिए युद्ध है। जब आप अपनी मनचाही चीज़ों के लिए लड़ना छोड़ देते हैं, तो आपको अनचाही चीज़ें ख़ुदबख़ुद मिलने लगती हैं!" चुनौती के इन पलों में ही हम या तो अपने लक्ष्यों और सपनों की ओर आगे बढ़ेंगे या फिर हम अपने डरों की ओर पीछे गिरेंगे। चुनाव शब्दशः आपका है! ऐसे ही पलों में हमें ख़ुद को प्रोत्साहित करना चाहिए कि हम जीवन के कैनवास से ऊपर उठें और लड़ाई में वापस उतरें। अगर आपके पास लोगों का ऐसा समूह है, जो आपका उत्साह बढ़ाता है, तो बहुत अच्छी बात है, लेकिन कई बार आपके पास मदद के लिए अपने सिवा कोई दूसरा नहीं होता। इसीलिए ख़ुद से सकारात्मक बातचीत करना सीखना बहुत महत्त्वपूर्ण होता है। यह ठान लें कि हम लात चलाते हुए और चिल्लाते हुए लड़ते रहेंगे और कभी लड़ना नहीं छोड़ेंगे। बिना लड़े नीचे न गिरें! दूसरे शब्दों में, मैं आपको बता रहा हूँ कि यह महत्त्वपूर्ण है कि आप अतार्किक और विद्रोही बनें! यह सही है, अतार्किक और विद्रोही बनें! आपमें अपने लक्ष्यों के लिए लड़ने की इच्छा होनी चाहिए! उन लोगों के बारे में सोचें, जो कहते हैं कि वे अपने लक्ष्यों तक पहुँचना चाहते हैं, लेकिन वे इस तरह काम करते हैं मानो वे यह तभी करेंगे, जब यह आसान होगा। ज़्यादातर लोग अपने लक्ष्यों पर इसी तरह काम करते हैं; वे अपने लक्ष्य की दिशा में केवल तभी काम करते हैं, जब इसमें असुविधा न हो। नहीं! यह लक्ष्य हासिल करने का

तरीक़ा नहीं है। आपको इसकी इच्छा करनी होगी और इसे साकार करने के लिए लड़ने को तैयार रहना चाहिए।

हम यह मानसिकता रख सकते हैं कि हम लात चलाते हुए और चीख़ते-चिल्लाते हुए जाएँगे और लड़ना नहीं छोड़ेंगे। दूसरे शब्दों में, मैं आपको यह बता रहा हूँ कि यह महत्त्वपूर्ण है कि आप अतार्किक और विद्रोही बनें! यह सही है, अतार्किक बनें और विद्रोही बनें!

मैं बरसों से कह रहा हूँ कि आप जीवन में जो चाहते हैं, उसे पाने के लिए आपको अतार्किक होना चाहिए। अतार्किक होने का मतलब बदतमीज़ या अप्रिय बनना नहीं है, बल्कि यह है कि आप जवाब में ना को स्वीकार नहीं करेंगे। आप अपने सपने और लक्ष्य सिर्फ़ इसलिए नहीं छोड़ेंगे, क्योंकि दूसरे आपके सपने नहीं देख सकते। या तो दूसरे लोग या फिर जीवन की परिस्थितियाँ यह सुझाव देंगी कि आपको चुपचाप यथास्थिति को स्वीकार कर लेना चाहिए, जैसी चीज़ें हैं उन्हें वैसी ही स्वीकार कर लेना चाहिए। मैं कहता हूँ कि आपको अतार्किक होने के लिए तैयार रहना चाहिए। ज़िंदगी कहती है, "तार्किक बनो और इस स्थिति को स्वीकार कर लो," लेकिन मैं जवाब देता हूँ, "नहीं, मैं इसे स्वीकार नहीं कर सकता; मैं इस विकल्प को स्वीकार नहीं कर सकता।" एक बार फिर, आपको दृढ़ होने के लिए बदतमीज़ या अप्रिय बनने की ज़रूरत नहीं है। आपको तो बस अपना इरादा पक्का करना है कि आप इच्छा से सहभागी नहीं बनेंगे। अगर मंदी या आर्थिक गिरावट को हराना है, तो आपको लड़ने के लिए तैयार रहना चाहिए, अपने सपनों तथा लक्ष्यों की ख़ातिर संघर्ष करने का इच्छुक रहना चाहिए और लगातार जूझने का इच्छुक होना चाहिए।

बाइबल में कहा गया है कि हमें जीवन मिलेगा और ज़्यादा प्रचुरता से मिलेगा, न कि कम प्रचुरता से। मंदी, डिप्रेशन और बाक़ी सारी आर्थिक विपदाएँ ईश्वर ने हमारी तरफ़ नहीं भेजी हैं, क्योंकि ईश्वर नहीं चाहता कि हम इस तरह जिएँ। ये शैतानी स्थितियाँ हैं और उन्हें वहीं जाने की ज़रूरत है, जहाँ से वे आई हैं... नरक से। इसीलिए मैं हर सुबह जागता हूँ और ईश्वर को एक और दिन के लिए धन्यवाद देता हूँ कि उसने मुझे अपने डर के बजाय अपने सपने जीने का एक और अवसर दिया। इसीलिए मैं जीवन के लिए, फ़र्क़ पैदा करने के अवसर के लिए और लाभ कमाने के लिए ईश्वर को हर दिन श्रेय देता हूँ। इसीलिए मैं हर दिन जागकर यह नहीं कहता हूँ, "हे भगवान, फिर सुबह हो गई!" इसके बजाय मैं कहता हूँ, "शुभ प्रभात, ईश्वर!" इसीलिए मैं हर दिन कहता हूँ, "आज का दिन बेहतरीन होने वाला है, क्योंकि मेरे पास जीवन है और मेरे पास इसे बेहतरीन दिन बनाने का विकल्प है!" जो मेरे साथ होता है और जो मेरे आस-पास होता है, उसे मैं नहीं चुन सकता, लेकिन मेरे पास इस बारे में पूरा विकल्प होता है कि मेरे भीतर क्या होता है... और मैं इस आने वाले दिन के बारे में ख़ुश, कृतज्ञ तथा रोमांचित होने का चुनाव करता हूँ!

उन सभी लोगों के साथ क़तार में न लगें, जिन्होंने अपने युग की निराशा और विनाश को अंगीकार करने का निर्णय लिया है। आप अपना मन बना लेते हैं कि आप इच्छा से सहभागी नहीं बनेंगे, वरना मीडिया - सारी बुरी और विनाश तथा निराशा की ख़बरें - आपको अंदर खींच लेगा। मीडिया का यह नकारात्मक हिस्सा न सिर्फ़ आपको प्रभावित करेगा, बल्कि इसका प्रभाव आप पर आने वाले कई वर्षों तक पड़ सकता है।

मैं एक पुराने मित्र से मिला, जिसके साथ मैं बड़ा हुआ था। मैंने उससे उसके भाई के बारे में पूछा, जो प्रारंभिक स्कूल में मेरे साथ खेलता था। पुराने मित्र ने कहा कि मैं उसके भाई को फ़ोन कर लूँ, क्योंकि उसका भाई मुश्किल दौर से गुज़र रहा था और उसे अपने पैरों पर दोबारा खड़ा होने के लिए प्रोत्साहन की ज़रूरत थी। मैंने कहा कि मुझे ऐसा करने में ख़ुशी होगी और मैंने फ़ोन कर दिया। शुरुआती अभिवादन के बाद मैंने मित्र से कहा, “मैं तुम्हारे भाई से मिला था और उसने कहा कि मैं तुम्हें फ़ोन कर लूँ। हालात कैसे हैं?” मेरे मित्र ने जवाब दिया, “हालात बिलकुल अच्छे नहीं हैं। मैं काफ़ी समय से बेरोज़गार हूँ और मेरे बिलों का ढेर बढ़ता जा रहा है।” फिर मैंने पूछा, “तुम नौकरी की तलाश कहाँ कर रहे हो?” उसने जवाब दिया, “देखो, मैं नौकरी की दरअसल तलाश ही नहीं कर रहा हूँ।” उसकी बात सुनकर मैं दंग रह गया। मैंने पूछा, “क्यों नहीं?” उसने कहा, “मैं इसलिए तलाश नहीं कर रहा हूँ, क्योंकि टेलीविज़न पर लोग कहते हैं कि नौकरियाँ हैं ही नहीं!” दुर्भाग्य से, कई लोग इस सोच के क़ायल हो जाते हैं, क्योंकि उन्हें यह विश्वास होता है कि न्यूज़ वाले समाज का सत्य बताते हैं, जबकि दरअसल वे अपना दृष्टिकोण बता रहे हैं, अपना नज़रिया बता रहे हैं।

हाँ, यह सच है कि मुश्किल दौर में नौकरी मिलना ज़्यादा मुश्किल होता है, लेकिन यह असंभव नहीं है। मुझे यह कैसे मालूम है? देखिए, हालाँकि अमेरिका के लोग ये बातें कर रहे हैं कि उन्हें एक नौकरी नहीं मिल रही है, लेकिन दूसरे देशों से आने वाले लोगों को अक्सर एक नहीं, बल्कि एक से ज़्यादा नौकरियाँ मिल रही हैं! हो सकता है कि ये नौकरियाँ आला दर्जे की न हों, लेकिन उनसे आपके बिलों का भुगतान हो सकता है, जब तक कि आपको बेहतर नौकरी नहीं मिल जाती। जब लोग कहते हैं, “कोई नौकरी नहीं है।” तो मैं हमेशा सोचता हूँ, “अगर कोई नौकरी नहीं है, तो फिर अख़बार में रोज़गार के विज्ञापन अब भी क्यों छप रहे हैं?” हर दिन अख़बार के कई पन्नों पर नौकरियों के विज्ञापन आज भी छप रहे हैं। मेरा पुराना सहपाठी निराशा और विनाश के विचार का क़ायल हो गया था। वह बुरे दौर में इच्छा से शामिल हो गया था। नेटवर्क मार्केटिंग विशेषज्ञ होप इलियट ने मुझसे कहा, जब मैं उनके समूह के सामने बोलने गया था, “पुअर (POOR) का मतलब है पासिंग ओवर अपॉर्च्युनिटीज़ रेग्युलरली! ग़रीबी का मतलब है नियमित रूप से अवसरों को

पास से गुज़रने देना!" अपने दिमाग़ को संभावनाओं की दिशा में खोलें और विनाश तथा निराशा के क़ायल न बनें। याद रखें, कई बार अवसर दरवाज़ा खटखटाते हैं, लेकिन हम कह देते हैं, "यह शोर बंद करो, दूर चले जाओ!" अपनी आँखें और दिमाग़ उन महान अवसरों की दिशा में खोलें, जो आपके चारों तरफ़ भरे पड़े हैं!

सफलता का रहस्य निराशा और विनाश से आगे सोचने की इच्छा है; यह अवसरों की तलाश करने की इच्छा है। आपको आर्थिक मंदी में इच्छा से शामिल नहीं होना चाहिए। आपको लड़ना चाहिए और लड़ते रहना चाहिए!

अफ़सोस न करें

सामूहिक अफ़सोस आम तौर पर वह होता है, जब लोग मिल-बैठकर अपनी प्रिय खेल टीम के हारने पर अफ़सोस करते हैं, लेकिन जब विपत्तियों के बावजूद सफल होने के लिए संघर्ष की बात आती है, तो *"सामूहिक अफ़सोस"* शब्दों का एक प्रभाव होता है। मैं आपको आगाह करना चाहता हूँ कि जीवन के खेल में अफ़सोस न करें। हालात कितने ख़राब हैं, इस बारे में अपने नेटवर्क के लोगों से बात करने की आदत डालकर आप कहीं नहीं पहुँच पाएँगे। अक्सर जब जीवन में बुरी चीज़ें होती हैं, तो कुछ लोग उनके ही बारे में बातें करते रहते हैं - और वे बस इतना ही करते हैं। यह न सिर्फ़ पहले से धधकती आग में पेट्रोल डालता है, बल्कि यह निराशा और विनाश के परिदृश्य के साथ एक शिकार मानसिकता भी बनाता है।

जो लोग सामूहिक अफ़सोस करते हैं, वे फ़ोन करके कहते हैं, "क्या तुमने यह बुरी ख़बर सुनी कि एक्स कंपनी दिवालिया हो गई है?" या "क्या तुमने सुना है कि वाय कंपनी और कर्मचारियों की छँटनी कर रही है?" अभागा मैं, अभागा मैं।

जो लोग सामूहिक अफ़सोस करते हैं, वे समस्याओं को हल करने के लिए कुछ नहीं करते हैं, वे तो बस उनके बारे में शिकायतें करते रहते हैं। हमारे पास एक विकल्प होता है। हम सारी बुरी ख़बरों के बारे में बात कर सकते हैं और उन्हें दोहरा सकते हैं, या फिर हम फ़र्क़ डालने की दिशा में जा सकते हैं। हम अँधेरे के बारे में शिकायत कर सकते हैं या फिर हम एक मोमबत्ती जलाकर अँधेरे संसार को रोशन कर सकते हैं। यह उस बूढ़े किसान की कहानी जैसा है, जो अपने बूढ़े शिकारी कुत्ते के साथ पोर्च में बैठा था। कुत्ता बैठा-बैठा कराह रहा था। एक अजनबी वहाँ आया और उसने बूढ़े किसान से पूछा कि कुत्ता क्यों कराह रहा है और इतना शोर क्यों मचा रहा है। बूढ़े किसान ने जवाब दिया, "क्योंकि वह एक कील पर बैठा है।"

अजनबी ने पूछा, "वह उठता क्यों नहीं है?"

बूढ़े किसान की प्रतिक्रिया थी, "क्योंकि अभी ज़्यादा दर्द नहीं हो रहा है!"

कई लोग बस क़तार में खड़े हो जाएँगे और हालात के बारे में शिकायत करते रहेंगे, लेकिन उन्हें बदलने के लिए ज़्यादा कुछ नहीं करेंगे। आपको नकारात्मक बात करने वालों से दूर रहने का निर्णय लेना चाहिए, जो बातें करने के सिवा कुछ नहीं करते हैं। समाधान सुझाए बिना समस्याओं के बारे में बात करने से हार-हार परिदृश्य बन जाता है। यह महत्त्वपूर्ण है कि आप समस्या का समाधान सुझाए बिना अपने जीवन की परिस्थितियों के बारे में शिकायत करने के जाल में न फँसें।

सामूहिक अफ़सोस करने से आग में घी डलता है, जिसका आपके मन और भावनात्मक स्थिरता पर प्रभाव पड़ सकता है। नकारात्मक जानकारी की सतत बौछार संसार संबंधी नकारात्मक दृष्टिकोण की ओर ले जा सकती है।

सामूहिक अफ़सोस करने से एक मनोवैज्ञानिक खाका बन सकता है, एक ख़ुद पूरी होने वाली भविष्यवाणी बन सकती है - एक ऐसी स्थिति, जो अब तक सच नहीं है, लेकिन सच हो सकती है, क्योंकि आपकी अपेक्षा वास्तविकता बन जाएगी। आप बुरी ख़बर के बारे में जितनी ज़्यादा बातें करते हैं, आपके मन और शरीर पर इसका प्रभाव उतना ही ज़्यादा गहरा होगा और आपका मन इसे साकार करने के लिए उतना ही ज़्यादा काम करेगा। *बाइबल* में कहा गया है, "जैसा इंसान अपने दिल में सोचता है, वैसा ही वह होता है!" (प्रोवर्ब्स 23:7 एनकेजेवी)

टैक्सस युनिवर्सिटी में खिलाड़ियों के मन और शरीर पर बुरी ख़बर के प्रभाव देखने के लिए एक अध्ययन किया गया। एक फ़ुटबॉल खिलाड़ी की केस स्टडी की गई। अभ्यास के बाद एक शोधकर्ता ने उससे पूछा, "आपको कैसा लग रहा है?" उसने जवाब दिया, "बेहतरीन! प्रेरित! अभ्यास बेहतरीन था और मैं संसार को जीतने के लिए तैयार हूँ!" अध्ययन से जुड़े व्यक्ति ने कहा, "क्या आपको पक्का यक़ीन है? आप थोड़े बीमार दिख रहे हैं!" फ़ुटबॉल खिलाड़ी ने जवाब दिया, "नहीं, मैं बेहतरीन महसूस करता हूँ!"

कुछ समय बाद अध्ययन से जुड़ा एक और व्यक्ति उस फ़ुटबॉल खिलाड़ी के पास आया और उसने भी वही सवाल पूछा। फ़ुटबॉल खिलाड़ी ने जवाब दिया, "मैं अच्छा महसूस कर रहा हूँ।" अध्ययन में शामिल व्यक्ति ने कहा, "अच्छा, लेकिन आप थोड़े बीमार दिख रहे हैं।" अगले कुछ घंटों में कई अलग-अलग लोगों ने फ़ुटबॉल खिलाड़ी को रोका, उससे वही सवाल पूछा और "आप बीमार दिख रहे हैं" प्रतिक्रिया की। शाम तक फ़ुटबॉल खिलाड़ी बीमार और निराश महसूस करने लगा, क्योंकि वह अपने स्वास्थ्य के बारे में बुरी ख़बर, निराशा और विनाश से प्रभावित हो गया था। वह वास्तव में बीमार नहीं था, लेकिन नकारात्मक ख़बर की भरमार की वजह से वह ख़ुद को बीमार समझने लगा। मित्रों, यह अत्यंत महत्त्वपूर्ण है कि आप निराशा फैलाने और शिकायतें करने वाले लोगों तथा नकारात्मक उकसावों से दूर रहें!

मैं एक दिन एक व्यक्ति से मिला, जिसने मुझे टेलीविज़न पर देखा था। वह मेरे पास आकर शुरू हो गया कि आम तौर पर व्यवसाय जगत और उसके कारोबार के लिए कितनी ख़राब परिस्थितियाँ थीं। उसने कहा, "क्या आपने सुना है कि हालात यहाँ कितने ख़राब हैं और हालात वहाँ कितने ख़राब हैं? क्या आपने सुना है कि अमुक-अमुक का कारोबार ठप्प हो गया है? क्या आपने सुना है?" इससे पहले कि वह गति पकड़ पाए, मैंने उसे रोकते हुए कहा, "अगर आप मिलकर अफ़सोस करने के लिए किसी की तलाश कर रहे हैं, तो आप ग़लत आदमी के पास आ गए हैं। मैं जानता हूँ कि चारों तरफ़ कुछ कठोर हालात हैं, लेकिन मैंने निर्णय लिया है कि मैं समस्याओं पर ध्यान केंद्रित नहीं करने वाला हूँ। इसके बजाय, मैं सारे बेहतरीन अवसरों के बारे में सोच रहा हूँ और उनकी तलाश कर रहा हूँ। यही वह समय है, जो विजेताओं को बनाता है! मैं कड़ी मेहनत कर रहा हूँ और अब तक के अपने सबसे अच्छे वर्ष की योजना बना रहा हूँ। मुझे अहसास है कि कारोबारी जगत में कुछ चुनौतियाँ हैं; लेकिन जहाँ चुनौतियाँ रहती हैं, वहाँ अवसर भी होते हैं। मैं कड़ी मेहनत करने और उन अवसरों को खोजने की योजना बना रहा हूँ और अगर मैं स्थिति को निराशाजनक मानता रहूँगा, तो मुझे कोई अवसर नहीं मिल सकता। मैं महान अफ़्रीकी सेनापति हैन्निबाल जैसा बनूँगा, जिन्होंने कहा था, "अगर आप कोई राह नहीं खोज सकते, तो राह बना लें! हैन्निबाल सामने से हमला करके रोम वालों को पराजित करने का कोई तरीक़ा नहीं खोज पाए, इसलिए उन्होंने एक ऐसा काम किया जो कोई सोच भी नहीं सकता था : उन्होंने अफ़्रीकी हाथियों का इस्तेमाल करके अपने सैनिकों को आल्प्स के पार पहुँचाया और रोम वालों पर पीछे से आक्रमण करके उन्हें पराजित कर दिया, क्योंकि जहाँ कोई अवसर नहीं था, वहाँ उन्होंने अवसर बनाने का निर्णय लिया था। यही कुछ बेहतरीन नए अवसर बनाने का समय है।"

मुझे अहसास हुआ कि अगर इस आदमी का व्यवसाय मुश्किल में था, तो उसका आंशिक कारण यह था कि वह अपने कारोबार में सकारात्मक चीज़ों के बजाय नकारात्मक चीज़ों पर ध्यान केंद्रित कर रहा था। अगर आप अपने जीवन में नकारात्मक बिंदुओं पर ध्यान केंद्रित करते हैं, तो वही उभरकर सामने आएँगे, लेकिन यही सकारात्मक बिंदुओं के बारे में भी सच है। नकारात्मक मुद्दों के बारे में जागरूक तो रहें, लेकिन अपना ध्यान सकारात्मक पर, संभावनाओं पर केंद्रित करें। आप जिस पर भी ध्यान केंद्रित करते हैं और जिसके भी बारे में सोचते हैं, वही आप बनेंगे और उसे ही आप विकसित करेंगे।

यह ठान लें कि आप जीवन की मंदियों पर हस्ताक्षर नहीं करेंगे, क़तार में नहीं लगेंगे, शिकायत नहीं करेंगे, रोना नहीं रोएँगे, बल्कि खड़े होकर अपने सपनों व लक्ष्यों के लिए संघर्ष करेंगे और कभी भी अपने भविष्य या उन अविश्वसनीय संभावनाओं से उम्मीद नहीं हारेंगे, जो आपके भीतर छिपी हैं।

3

घमंड को अपनी समृद्धि में ज़हर न घोलने दें

यदि आप अपनी विपत्तियों को संपत्तियों में बदलने वाले हैं, तो इसके लिए यह ज़रूरी है कि आप अपने गर्व के पार निकल जाएँ और यह निर्णय लें कि आप घमंड को अपनी समृद्धि में ज़हर नहीं घोलने देंगे। घमंड शब्द रोचक है, क्योंकि हम सबसे आत्म-सम्मान और गर्व रखने की उम्मीद की जाती है, लेकिन बहुत ज़्यादा घमंड हमें अपने लक्ष्य और सपने हासिल करने से रोक सकता है। मैं इस बिंदु पर ध्यान केंद्रित करना चाहता हूँ। हम सभी में गर्व और आत्म-गौरव का कुछ स्तर होता है, लेकिन हमें इस बारे में भी जागरूक रहना चाहिए कि अगर गर्व पर लगाम न कसी जाए, तो यह संसार के प्रति आपके नज़रिये को बदल सकता है और सफलता बढ़ाने वाले अवसरों का लाभ लेने के आपके दृष्टिकोण को बदल सकता है।

संकट को आर्थिक सफलता में बदलने के लिए आपको नई सोच और कुछ नए कामों की ज़रूरत होती है, क्योंकि अगर आप वही करते रहते हैं, जो आप कर चुके हैं, तो आपको वही मिलेगा, जो आपको मिलता रहा है। आपको कुछ अलग करना होगा और कुछ चीज़ों को अलग तरीक़े से करना होगा। अक्सर लोगों को सफलता पाने से जो चीज़ रोकती है, वह उनकी योग्यता नहीं, बल्कि घमंड होता है। उनका दिल क्या कहेगा, इसके बजाय वे इस बारे में बहुत चिंता करते हैं कि "लोग" क्या कहेंगे? क्या आपने अपना सर्वश्रेष्ठ दिया था? क्या आपने अपना सब कुछ दिया था? क्या आपमें अखंडता और चरित्र था? क्या आप ईश्वर के साथ हुए समझौते का अपना हिस्सा पूरा कर रहे थे? (क्योंकि ईश्वर अपना हिस्सा पूरा करता है!) क्या आपको याद है कि जीवन ईश्वर का दिया उपहार है... आप अपने जीवन के साथ जो करते हैं, वह आपका ईश्वर को दिया उपहार है! जैसा मार्टिन लूथर किंग, जूनियर ने बहुत सही कहा था, "अगर किसी इंसान को सड़क साफ़ करने का काम दिया जाए, तो उसे उसी तरह सड़क साफ़ करनी चाहिए, जिस तरह माइकलएंजेलो ने चित्रकारी की थी और शेक्सपियर ने कविता लिखी थी! उसे सड़कें इतनी अच्छी

तरह साफ़ करनी चाहिए कि स्वर्ग और पृथ्वी के सभी वासी कहें, "यहाँ सड़क साफ़ करने वाला एक महान व्यक्ति रहता था, जिसने अपना काम अच्छी तरह किया!" घमंड को अपनी दौलत की राह में आड़े न आने दें! घमंड को अपनी समृद्धि में ज़हर न घोलने दें।

बहुत बार, मैं लोगों को आर्थिक दृष्टि से संघर्ष करते देखता हूँ, जो अपनी आर्थिक स्थिति को बेहतर बनाने के लिए भी कुछ नहीं कर रहे हैं और इसका कारण यह है कि वे सफलता का नक़ली आवरण ओढ़ने की कोशिश कर रहे हैं। जैसा मेरे मित्र और टेलीविज़न शो *बिग स्पेंडर* के मेज़बान लैरी विनगेट कहते हैं, "बहुत सारे लोग हैं, जो अपना जीवन पलट सकते हैं, लेकिन उनमें बहुत ज़्यादा घमंड होता है और इसलिए अपनी मूर्खता की वजह से वे दौलतमंद नहीं बन सकते। वे यह नाटक करते हैं कि उनकी हालत अच्छी है, जबकि सच तो यह है कि वे अपने बुनियादी बिल भी बमुश्किल चुका सकते हैं। वे 30,000 डॉलर की पूँजी वाले मिलियनेअर हैं! बड़ा दिखावा, कोई असली संपत्ति नहीं!"

आप अपने घमंड को दौलत बनाने की राह में आड़े नहीं आने दे सकते। कुछ लोग महसूस करते हैं कि कोई काम उनके लायक़ नहीं है। वे महसूस करते हैं कि अगर लोगों को यह पता चल जाए कि वे "घटिया" समझा जाने वाला काम कर रहे हैं, तो उनकी छवि धूमिल हो जाएगी, लेकिन वे अपने बिलों के भुगतान के लिए जूझ रहे हैं। मैं मानता हूँ कि जो भी काम नैतिक और क़ानूनी है, वह सम्मानजनक है।

मंदी में काम करना

मेरे मित्र ड्यूक ग्रीन इस बात के बेहतरीन उदाहरण हैं कि कैसे दौलत कमाई जाए और तुच्छ मुद्दों में न अटका जाए, बल्कि हमेशा बड़े मुद्दों पर ध्यान केंद्रित रखा जाए। ड्यूक ग्रीन मेरे एक्सएम रेडियो शो में अतिथि थे और उनकी बताई एक कहानी लोगों को इतनी पसंद आई कि फ़ोन की घंटी लगातार बजती रही। उन्होंने बताया कि किस तरह उन्होंने 1970 के दशक में अपनी कंपनी आईबीएस (इंटरनेशनल बिज़नेस सर्विसेस) शुरू की, इसे एक शक्तिशाली राष्ट्रीय कंपनी में बदला और फिर 1990 के दशक में इसे बेच दिया। कंपनी का मूल्य 9.6 करोड़ डॉलर था और इसके पूरे देश में ऑफ़िस थे, जिनमें हज़ारों कर्मचारी काम करते थे। बहरहाल, 1970 के दशक की आर्थिक मंदी के दौरान उन्होंने ठान लिया था कि वे अपने बेहतरीन कर्मचारियों में से किसी को भी नहीं खोना चाहते, इसलिए उन्होंने निर्णय लिया कि वे अपने किसी कर्मचारी की छँटनी नहीं करेंगे। सीईओ होने के नाते उन्हें कंपनी में सबसे ज़्यादा वेतन मिलता था, इसलिए उन्होंने अपने वेतन से कर्मचारियों को भुगतान दिया। अपनी बचत पर कुछ महीने काटने के बाद उन्हें

लगा कि उन्हें अपने व्यक्तिगत बिलों का भुगतान करने के लिए कोई दूसरा काम भी करना चाहिए। वे जानते थे कि आर्थिक मंदी एक अस्थायी दौर है और अर्थव्यवस्था का रुख़ दोबारा पलटेगा, इसलिए उन्हें सिर्फ़ चंद मुश्किल महीने काटने थे। अब वे दिन भर आईबीएस के सीईओ के रूप में काम करते थे और अपना ख़र्च निकालने के लिए रात को ट्रक चलाते थे, जैसा कि वे कॉलेज के दिनों में करते थे। उन्होंने कहा कि लीडर परिस्थितियों की वजह से अपना व्यवसाय बढ़ाने के लिए आवश्यक काम करना नहीं छोड़ते। अगर कोई काम नैतिक और क़ानूनी है, तो यह अच्छा और सम्मानजनक है।

ड्यूक की कहानी पूरी होने के बाद किसी ने फ़ोन करके उनसे एक सवाल पूछा। उसने कहा, "अगर आप पेशेवर व्यक्ति रहे हों और अब आपको कोई ऐसी चीज़ करनी पड़े जो आपसे निचले स्तर की हो, तो क्या होगा?" ड्यूक ने प्रतिक्रिया की, "आपको इस मानसिकता से उबरना होगा! आपको यह अहसास करना होगा कि यह स्थिति अस्थायी है! यह हमेशा के लिए नहीं है; यह तो बस एक ऐसी चीज़ है, जो आपको अपने बिलों का भुगतान करने और मुश्किल दौर से गुज़रने के लिए करनी पड़ रही है!"

मैं जानता हूँ कि आर्थिक मंदी और व्यावसायिक मंदी के समय दहशत भरे हो सकते हैं, लेकिन अगर आप दहशत में नहीं आते हैं और अवसरों की तलाश करते हैं, तो आप देखेंगे कि वे आपके चारों तरफ़ मौजूद हैं। लोग आपके बारे में क्या सोचेंगे, इसके पार जाने पर बाद में आप पाएँगे कि वे आपके लिए भारी सम्मान रखेंगे!

ज़मीन से ऊपर

बरसों पहले मुझे फ़ोर्ट लॉडरडेल, फ़्लोरिडा में वेंडीज़ रेस्टोरेंट यूथ लीडरशिप कॉन्फ़्रेंस में बोलने के लिए आमंत्रित किया गया। इस कॉन्फ़्रेंस की परंपरा वेंडीज़ के संस्थापक डेव थॉमस ने शुरू की थी। डेव रिटायर होने के बावजूद वेंडीज़ के बोर्ड के चेयरमैन के रूप में सेवा कर रहे थे और युवाओं को लीडर बनाने में अपना समय लगा रहे थे। जब उनके ऑफ़िस से फ़ोन आया कि क्या मैं उनके सम्मेलन में मुख्य वक्ता बनूँगा, तो मैं रोमांचित हो गया और मैंने यह प्रस्ताव ख़ुशी-ख़ुशी स्वीकार कर लिया। हमें बताया गया कि डेव थॉमस चाहते हैं कि हम कॉन्फ़्रेंस के पहले वाली रात को उनके साथ डिनर करें। इसलिए मेरी पत्नी और मैं कॉन्फ़्रेंस से एक दिन पहले फ़ोर्ट लॉडरडेल पहुँच गए और डेव थॉमस के पानी के समीप बने महल में डिनर किया।

डिनर के दौरान मैंने डेव से पूछा कि उन्होंने वेंडीज़ कैसे शुरू किया। उनका जवाब इस बात का अविश्वसनीय प्रमाण था कि घमंड को अपनी समृद्धि में ज़हर न

घोलने दें। डेव ने मुझे बताया कि उन्हें गोद लिया गया था। किशोरावस्था में उन्हें एक स्थानीय रेस्तराँ में नौकरी मिल गई। उन्होंने कहा कि उन्हें रेस्तराँ व्यवसाय से प्रेम हो गया और वहाँ ज़्यादा घंटे काम करने के लिए स्कूल की पढ़ाई छोड़ दी। उनके मित्र उन पर हँसे और बोले कि रेस्तराँ में काम करना, फ़र्श की सफ़ाई करना और बर्गर बनाना शर्मनाक है। दरअसल उन्होंने डेव की हँसी उड़ाई और उन्हें "हैमबर्गर बॉय!" कहकर चिढ़ाया। लेकिन डेव को परवाह नहीं थी। उन्होंने ठान लिया था कि वे दूसरों के विचारों या बातों को उस चीज़ में बाधक नहीं बनने देंगे, जो उनकी तक़दीर बनने वाली थी।

रेस्तराँ में काम करते वक़्त डेव की मुलाक़ात हरलैन सैन्डर्स से हुई, जिन्होंने केंटुकी फ़्राइड चिकन नामक रेस्तराँ चेन शुरू की थी। डेव ने अंततः ओहियो इलाके में केंटुकी फ़्राइड चिकन के कुछ संघर्षरत रेस्तराँ सँभाले और उनका कायाकल्प कर दिया। उन्होंने ये रेस्तराँ बेचकर एक हैमबर्गर रेस्तराँ शुरू करने का निर्णय लिया, जिसमें सभी हैमबर्गर एक जैसे बनें। उन्होंने उस रेस्तराँ का नाम अपनी बेटी वेंडी के नाम पर रखा - और बाक़ी इतिहास है! आगे चलकर डेव अमेरिकी इतिहास के सबसे सफल व्यवसायियों में से एक बने और संस्थापक के अलावा टेलीविज़न प्रवक्ता के रूप में भी बेहद सफल रहे।

डेव थॉमस ने अपने घमंड को अपनी समृद्धि में ज़हर नहीं घोलने दिया। उन्होंने हाई स्कूल की पढ़ाई अधूरी छोड़ दी थी, लेकिन उन्होंने अपने लक्ष्यों व सपनों के बारे में सोचना कभी नहीं छोड़ा और वे अपने सपनों को साकार करने के लिए कड़ी मेहनत करने को तैयार थे। उन्हें इस बात पर नाज़ था कि उन्होंने दोबारा स्कूल जाकर जनरल एज्युकेशनल डेवलपमेंट (जीईडी) टेस्ट पास किया, लेकिन उनकी सबसे उल्लेखनीय बात उनकी कड़ी मेहनत और उनका एमबीए था, जिसे उन्होंने अपना "पोंछा और बाल्टी नज़रिया" कहा। वे किसी भी काम को छोटा नहीं समझते थे और उनके लिए हर काम सम्मानजनक था, बशर्ते यह ईश्वर और देश के नियमों के विपरीत न हो।

वैसे जो लोग उनकी हँसी उड़ाते थे और उन्हें "हैमबर्गर बॉय" कहकर चिढ़ाते थे, उनमें से कई को बाद में उन्हें "बॉस!" कहना पड़ा। जो लोग पहले उन पर हँसते थे, उन्हें अपने शब्द निगलने पड़े और बाद में डेव के लिए काम करना पड़ा। इस बात की चिंता न करें कि दूसरे आपके बारे में क्या सोचते हैं; अपने सपनों और लक्ष्यों पर ध्यान केंद्रित करें!

कचरे को बाहर ले जाएँ

एक और व्यक्ति हैं, जिन्होंने अपने घमंड को अपनी समृद्धि में ज़हर नहीं घोलने दिया। उनका नाम है वेन ह्यूज़ेंगा। वेन ह्यूज़ेंगा ने कचरा उठाकर अपनी दौलत कमाई थी। वे महामंदी के दौरान पैदा हुए थे और ग़रीबी में बड़े हुए थे। युवावस्था में वे एक परिवार के लिए काम करने लगे, जिसकी एक कचरा कंपनी थी। कुछ साल बाद उन्होंने इतना पैसा बचा लिया था कि उन्होंने अपना ख़ुद का कचरा ट्रक ख़रीद लिया। उन्होंने अपनी ख़ुद की कंपनी खड़ी कर ली। कई लोग उन पर हँसे, क्योंकि वे कचरा उठाने का काम कर रहे थे, लेकिन उन्होंने घमंड को कभी अपनी समृद्धि की राह में बाधा नहीं बनने दिया। वे रात दो बजे से दोपहर तक कचरा उठाते थे और दिन में बचे हुए समय में वे घर-घर जाकर अपना व्यवसाय बढ़ाते थे। उन्होंने कचरे के और ज़्यादा ट्रक ख़रीदे, ज़्यादा लोगों को नौकरी पर रखा और अंततः अपने सबसे बड़े प्रतिस्पर्धी को ख़रीद लिया। अंततः ह्यूज़ेंगा की कंपनी वेस्ट मैनेजमेंट, इंक. शेयर बाज़ार में सूचीबद्ध हो गई। वे व्यवसाय को फैलाते चले गए और अंततः दौलतमंद बन गए। उन्होंने मियामी डॉल्फ़िन्स फ़ुटबॉल टीम और फ़्लोरिडा मार्लिन्स बेसबॉल टीम को भी ख़रीद लिया। वे कचरा उठाने से भारी बैंक बैलेंस तक इसलिए पहुँचे, क्योंकि उन्होंने दूसरों को अपनी संभावनाएँ तय नहीं करने दीं। उन्होंने घमंड को अपनी समृद्धि में ज़हर नहीं घोलने दिया।

मैं यह बात ज़ोर देकर कहना चाहता हूँ : दूसरे लोग आपके बारे में क्या सोचते हैं, उससे आपको काम करने से नहीं रुकना चाहिए। आपको काम करते रहना चाहिए। अक्सर हम घमंड के कारण अटक जाते हैं और अंततः कुछ भी नहीं कर पाते हैं। डर या कम अपेक्षाओं की वजह से गतिविधि का अभाव और इसलिए सफलता का अभाव उत्पन्न हो सकता है। यह अत्यंत महत्त्वपूर्ण है कि आप अपना मन बना लें, बढ़ते रहें और मेहनत से काम करें।

तो हमें क्या करना चाहिए? कुछ भी, कोई भी चीज़... बस आगे बढ़ जाएँ! आप बैठकर इस बात का इंतज़ार नहीं कर सकते कि सफलता ख़ुदबख़ुद चलकर आपके पास आ जाएगी। अगर आप असफल हो जाएँ, तो दोबारा कोशिश करें, शुरू करें और कोशिश करते रहें, अपने लक्ष्य की दिशा में कोई सकारात्मक चीज़ करें। इंतज़ार न करें, वरना बहुत देर हो सकती है! कर्म करें! और याद रखें... भारी सफलता हमेशा सर्वश्रेष्ठ प्रतिशोध होती है!

4

कल की शक्ति और संभावनाओं के बारे में सोचना न छोड़ें

भविष्य उन लोगों का है, जिन्हें अपने सपनों के सौंदर्य में विश्वास है।

—एलीनोर रूज़वेल्ट

दौड़ में जीत हमेशा सबसे तेज़ या सबसे शक्तिशाली की ही नहीं होती है, बल्कि उसकी होती है, जो अंत तक सहन करता है।

अपनी विपत्तियों को संपत्तियों में बदलने की दिशा में अगला क़दम है, "कल के बारे में सोचना न छोड़ें।" यह विचार फ़्लीटवुड मैक के गीत से लिया गया है, जो मेरी आईट्यून्स की पसंदीदा सूची के शीर्षस्थ गीतों में से एक बन चुका है। मैंने यह गीत सुना तो बरसों पहले था, पर इसके बोल ठीक से नहीं सुन पाया था। बहरहाल, जब मैंने बोल सुनने का समय निकाला, तो मुझे अहसास हुआ कि यह मेरी तरह का गीत था... एक ऐसी चीज़, जो लोगों को बेहतर जीवन की ओर ऊपर उठाती थी और प्रेरित करती थी!

यदि आप ग़ौर से सुनें, तो आप पाएँगे कि यह गीत हमसे आग्रह करता है कि हम चलते रहें और भविष्य के बारे में सोचते रहें, क्योंकि जो लोग अपने लक्ष्यों पर काम करते रहते हैं, उनका भविष्य आम तौर पर बेहतर बनता है। जब परिस्थितियाँ मुश्किल हों और हम निराश महसूस कर रहे हों, तो हमें ऊपर देखने और ऊँचा सोचने की ज़रूरत है, ताकि हम स्थिति को अलग तरीक़े से देख सकें और नई संभावनाओं को पहचान सकें। घबराकर न रुकें; अपने सपने और लक्ष्य न छोड़ें। इसके बजाय कल और आने वाले बेहतर दिनों के बारे में सोचें। गीत का कोरस आग्रह करता है कि आप एक सकारात्मक नज़रिया रखें, सकारात्मक अंदरूनी दृष्टि रखें और सकारात्मक ऊर्ध्वगामी दृष्टि रखें!

इस क़दम के बहुत से अर्थ हैं, जिन्हें ज़ोर देकर बोलने की तकनीक से सबसे अच्छी तरह प्रदर्शित किया जा सकता है। इस तकनीक में आप कथन - *Don't. Stop. Thinking. About. Tomorrow.* (नहीं छोड़ें कल के बारे में सोचना) - के अलग-अलग शब्दों पर जिस तरह ज़ोर देते हैं, उससे कथन का अर्थ बदल सकता है।

कुछ साल पहले मेरी पत्नी और मैं हमारे चर्च में संवाद कौशल पर एक क्लास पढ़ाने लगे। हमारे पास स्पीकिंग विथ बोल्ड एश्योरेंस नामक संसाधन था, जिसे बर्ट डेकर ने तैयार किया था। बर्ट मेरे अच्छे मित्र हैं और देश के शीर्षस्थ मीडिया कोचों में से एक हैं। इस संसाधन में उन्होंने विशेष शब्दों पर ज़ोर देने की शक्ति बताई है। उन्होंने बताया कि संवाद में आप जिस शब्द पर ज़ोर देने का चुनाव करते हैं, उसका उस कथन के अर्थ पर ज़बर्दस्त असर पड़ सकता है। बर्ट इस वाक्यांश का इस्तेमाल करते हैं "मैंने। नहीं। कहा। आपने। वह। कार। चुराई। है।" मैं चाहता हूँ कि आप यह कथन आठ बार दोहराएँ और हर बार एक अलग शब्द पर ज़ोर दें। मैं चाहता हूँ कि सबसे पहले आप *"मैंने"* शब्द पर ज़ोर दें; अगली बार *"नहीं"* शब्द पर ज़ोर दें। तीसरी बार, *"कहा"* शब्द पर ज़ोर दें और इसी तरह करते जाएँ। आप देखेंगे कि आप किस शब्द पर ज़ोर देते हैं, उस आधार पर कथन का अर्थ बदल जाता है।

अगर हम "कल के बारे में सोचना न छोड़ें" कथन पर यही प्रक्रिया लागू करें, तो हम देखेंगे कि उत्पन्न होने वाले संदेश एक दूसरे से अलग होते हैं। लेकिन वे सभी कारगर होते हैं, जिनकी मदद से आप अपनी आर्थिक विपत्तियों को संपत्तियों में बदल सकते हैं!

नहीं शब्द सबसे पहले आता है। *नहीं* छोड़ें कल के बारे में सोचना! अपनी विपत्तियों को संपत्तियों में बदलने के लिए यह अनिवार्य है कि आप अपनी आशावादी सोच में दृढ़ बनें। आपको तो यह सोचना भी नहीं चाहिए कि आप इस मुश्किल दौर को पार नहीं कर पाएँगे। इस बारे में सोचें तक नहीं! नकारात्मक विचार अपने मन में आने ही न दें। वे आपके दिमाग़ में घुसपैठ करने की कोशिश कर सकते हैं - लेकिन अंततः यह आप ही हैं, जो अपनी सोच को नियंत्रित करते हैं। मशहूर पुस्तक *द पॉवर ऑफ़ पॉज़िटिव थिंकिंग* के लेखक नॉर्मन विन्सेंट पील ने कहा था, "हो सकता है कि आप पक्षियों को अपने सिर के ऊपर उड़ने से न रोक पाएँ, लेकिन आप इतना तो कर ही सकते हैं कि उन्हें अपने सिर पर घोंसला न बनाने दें।" नकारात्मक विचार आपके दिमाग़ में चारों ओर उड़ेंगे, लेकिन इस विचार को घास न डालें कि आप इस आर्थिक स्थिति में नहीं बच पाएँगे। आपको सकारात्मक बने रहना चाहिए और इसके लिए अगर आपको ख़ुद से बात करनी पड़े और ख़ुद को प्रोत्साहित करना पड़े, तो ऐसा कर दें! सकारात्मक मानसिकता बनाएँ और इससे आपमें लड़ते रहने की ज़्यादा इच्छा जागेगी।

रुको शब्द पर ज़ोर देने पर केंद्रबिंदु इस तथ्य पर सरक जाता है कि आपको चट्टान पर प्रहार करते रहना चाहिए, दबाव डालते रहना चाहिए और अपने लक्ष्य हासिल करने की कोशिश करते रहना चाहिए। अगर आप चट्टान पर प्रहार करते रहें, तो आप जानते हैं कि पर्याप्त लंबे समय तक और पर्याप्त दृढ़ता से प्रहार करने पर यह अंततः टूट जाएगी! एक बार जब चट्टान या आपके सामने की मुश्किल बाधा टूट जाती है, तो आप यक़ीनी तौर पर यह नहीं जान पाएँगे कि क्या सौवाँ प्रहार इतना शक्तिशाली था कि इसने चट्टान को तोड़ दिया या फिर चट्टान लगातार प्रहारों से कमज़ोर हो गई थी और तमाम प्रहारों के संचित प्रभाव की वजह से आख़िरकार टूट गई। आप चाहे जिस तरह सोचें, आपको यह ठान लेना चाहिए कि आप नहीं रुकेंगे, आप हार नहीं मानेंगे, आप हौसला नहीं छोड़ेंगे। "*रुकें* नहीं!" अहम बात यह है कि चट्टान यानी आपकी राह की बाधा आख़िरकार टूट चुकी है और अब आपके रास्ते में नहीं है! *रुकें* नहीं!

इसके बाद आता है *"सोचना।"* इस संकट को विजय में बदलने के लिए नए विचार और नए तरीक़े सोचते रहें। मुझे यक़ीन है कि ज़्यादातर समय आपके पास जो समस्या होती है, वह आम तौर पर पैसे की नहीं, बल्कि विचार की होती है। यह कुछ नए विचार और नई सोच रखने का समय है। अल्बर्ट आइंस्टाइन ने एक बार कहा था कि जो सोच आपको इतनी दूर तक इस स्तर पर लाई है, वह आपको अगले स्तर तक नहीं ले जा पाएगी। इसलिए हममें ऊपर सोचने की इच्छा रहनी चाहिए! हमें ज़्यादा बड़ा, ज़्यादा साहसी और ज़्यादा अच्छा सोचना चाहिए! हमें अपनी सीमाएँ फैलाते रहना चाहिए और नए विचार व रणनीतियाँ सोचते रहना चाहिए। अगर एक विचार काम न करे, तो दूसरा सोच लें। भविष्य और उन सभी अविश्वसनीय अवसरों के बारे में सोचते रहें, जो हमारी पकड़ के भीतर हैं। कल के बारे में *सोचना* न छोड़ें।

अगला शब्द जिस पर हम ज़ोर देंगे, वह है *"बारे में।"* जब हम इस शब्द पर ज़ोर देते हैं, तो हमें यह अहसास होता है कि हमारे चारों तरफ़ ज़बर्दस्त अवसर हैं! क्या बाज़ार में परिस्थितियाँ मुश्किल हैं? हाँ! क्या आर्थिक परिदृश्य कठोर है? हाँ! क्या यह मुश्किल होगा? हाँ! लेकिन सच्चाई यह है कि कारोबार अच्छे दौर में भी चुनौतीपूर्ण होता है; इस वक़्त यह बस और ज़्यादा चुनौतीपूर्ण हो गया है। तो यही वह समय है जब हम वह मांसपेशी विकसित करें, जो अच्छी अर्थव्यवस्था में आग को हवा देगी। संभावनाओं के बारे में सोचने का एक और हिस्सा अतीत की कठोर आर्थिक स्थिति को याद करना है? तब हमने क्या किया था? याद करें कि हमने उस मुश्किल समय को पार करने के लिए क्या किया था, और बस वही चीज़ दोबारा करें तथा पहले से ज़्यादा करें! अतीत के बारे में सोचें और ख़ुद को पिछली सफलताओं तथा पिछले अनुभवों की याद दिलाएँ। मैं अक्सर वक्ता के रूप

में अपनी पहली गर्मी के बारे में सोचता हूँ। मैं बिलकुल नया था, किसी को नहीं जानता था और वक्तृत्व व्यवसाय के बारे में भी ज़्यादा नहीं जानता था। शैक्षणिक सत्र के दौरान मैं स्कूलों में व्याख्यान देता था, लेकिन जब जून में शैक्षणिक सत्र ख़त्म हो जाता था, तो मेरे पास कोई काम नहीं रहता था, इसलिए मेरे पास पैसे भी नहीं रहते थे। मैं निश्चित रूप से आर्थिक मंदी में फँसा हुआ था। मैं नहीं जानता था कि मेरे मकान की क़िस्त या बिलों का भुगतान कैसे करूँगा, इसलिए मैंने फ़ोन उठाया और यलो पेजेस में दिए नंबर घुमाकर लोगों से पूछा कि क्या उन्हें किसी वक्ता की सेवाएँ चाहिए। आख़िरकार मुझे दो छोटे अनुबंध मिल गए - एक तो युवा कला शिविर में व्याख्यान देने का था और दूसरा एक छोटे समुदाय के युवा नाटक समूह के लिए अंशकालीन वक्ता/परामर्शदाता बनने का था। किसी तरह मैंने वह गर्मी निकाली और अपने बिल चुका दिए। जब स्कूल दोबारा शुरू हुए, तो मैंने गर्मी में जिन दो संस्थाओं के लिए काम किया था, उनके प्रशासकों ने मुझे फ़ोन किया; उन्होंने अपने स्कूलों में मेरा व्याख्यान रख लिया था और अपने से जुड़े दूसरे स्कूलों में भी मुझे व्याख्यान दिलाने में मदद की। मैंने वह दौर गुज़ार लिया। इतने बरसों में जब भी मेरी आर्थिक स्थिति तंग हुई, तब-तब मैंने उस गर्मी के बारे में सोचा और यह भी कि मैं कैसे आस्था, एकाग्रता और लगन की बदौलत उस दौर से गुज़रने में कामयाब हुआ था। चूँकि मैं तब इस काम में सफल हुआ था, इसलिए अब मैं रात को सो सकता हूँ, क्योंकि मुझे याद है कि जब मैं किसी को नहीं जानता था और वक्तृत्व के बारे में भी ज़्यादा नहीं जानता था, तब मैंने मैदान छोड़ने से इंकार कर दिया था और सफल हो गया था... इसलिए मैं अब भी सफल हो जाऊँगा! ख़ुद को अतीत की सफलताएँ याद दिलाएँ और जब आप भविष्य में आगे बढ़ते हैं, तो ख़ुद को सशक्त बनाने के लिए उनका इस्तेमाल करें।

इस वाक्यांश का अगला शब्द है टुमॉरो *(कल)*। मशहूर फ़िल्म और ब्रॉडवे नाटक *एन्नी* में एक अनाथ लड़की हीरोइन की भूमिका निभाती है और वह "टुमॉरो" गीत गाती है। उस गीत में वह दावा करती है कि सूरज कल निकलेगा - कि आप इस तथ्य के बारे में आश्वस्त रह सकते हैं कि सूरज कल भी निकलेगा। अगर आप उजले कल के बारे में सोचते हैं, तो इससे सारे आँसू, दर्द और दुख दूर हो जाएँगे। आज के आँसुओं की जगह कल की मुस्कानें होंगी।

कभी हार न मानें

मैदान न छोड़ें! ऊपर देखते रहें! क्योंकि अगर आप ऊपर देख सकते हैं, तो आप ऊपर उठ सकते हैं!

—लेस ब्राउन

यह प्रारंभिक और आसान लगता है, लेकिन किसी कारण जब मुश्किल दौर आते हैं, तो लोग यह भूल जाते हैं कि उन्हें हार नहीं माननी चाहिए। अपनी स्थिति को बदलने और अपनी विपत्तियों को संपत्तियों में बदलने के लिए भी यह अत्यंत अनिवार्य है। आप किसी तरह हार नहीं मान सकते!

आप सोचेंगे कि यह कोई ऐसी चीज़ होगी, जिसे हम नहीं भूल सकते, क्योंकि मैंने आज तक जो भी प्रेरक पुस्तक पढ़ी है, उसमें लगन की शक्ति के बारे में बताया जाता है। बहरहाल, मुश्किल समय में हम सफलता के फ़ॉर्मूले के इस महत्त्वपूर्ण घटक को भूल जाते हैं।

लोग इतने महत्त्वपूर्ण घटक को क्यों भूल जाते हैं? कई बार इसलिए भूल जाते हैं, क्योंकि बुरी ख़बर की भारी मात्रा उन्हें डुबो देती है। कई बार वे इसलिए भूल जाते हैं, क्योंकि उन्होंने अपनी निगाह अपने सपनों और लक्ष्यों से हटा ली है और वे अपनी समस्याओं पर ध्यान केंद्रित करने लगे हैं। जैसा मैंने बरसों पहले सीखा था, जब आप अपनी निगाह संभावनाओं से हटाकर अपनी समस्याओं तथा परिस्थितियों पर जमा लेते हैं, तो आपके कष्ट शुरू हो जाते हैं।

बाइबल में इसका एक बेहतरीन उदाहरण है। ईसा मसीह पानी पर चल रहे थे और पीटर नाव से उतरकर पानी पर ईसा की तरफ़ चलने लगे। पीटर तब तक ठीक-ठाक रहे, जब तक उन्होंने अपनी निगाह ईसा पर रखी, लेकिन जैसे ही उन्होंने नीचे पानी देखा, वे डूबने लगे।

इसका एक हालिया उदाहरण बिना पैरों वाले मैराथन धावक बॉब वाइलैंड हैं। बॉब एक ज़बर्दस्त खिलाड़ी थे और पेशेवर बेसबॉल खिलाड़ी बनने की राह पर थे, तभी उन्हें सेना में भर्ती करके वियतनाम भेज दिया गया। जब युद्ध में उनका एक साथी घायल हो गया, तो बॉब उसे बचाने गए। जब वे अपने मित्र को सुरक्षित जगह पर ला रहे थे, तो बॉब को तोप का गोला लग गया, जिससे उनके दोनों पैर चले गए। बॉब वाइलैंड ने अपने खोए बेसबॉल करियर की चिंता करने या चलने-दौड़ने की क्षमता गँवाने पर अफ़सोस करने के बजाय आगे की चुनौतियों पर ध्यान केंद्रित करने का विकल्प चुना। उन्होंने बगैर पैरों के 26 मील की मैराथन दौड़ने की चुनौती स्वीकार की। वे अपने हाथ जमीन पर रखकर और अपने शरीर को आगे की तरफ़ झुलाते हुए 26 मील पूरे करेंगे। हर "क़दम" में हाथों से शरीर को झुलाना शामिल होगा। पहली मैराथन दौड़ में उन्हें कई दिन लग गए। यही नहीं, जब वे समाप्ति रेखा पर पहुँचे, तो उनके हाथ ख़ून से सन चुके थे। दर्द गहरा था, लेकिन जब अख़बार के एक रिपोर्टर ने उनसे पूछा कि उन्होंने किस तरह भारी दर्द पर विजय पाई, तो उनका जवाब था कि यह दर्द उन्हें सिर्फ़ एक बार तब महसूस हुआ था, जब उन्होंने लक्ष्य पर से निगाह हटा ली थी!

जब आप अपनी संभावनाओं पर ध्यान केंद्रित करना छोड़ देते हैं और इसके बजाय अपनी समस्याओं पर ध्यान केंद्रित करने लगते हैं, तो आप पाएँगे कि जीवन और भी ज़्यादा चुनौतीपूर्ण तथा मुश्किल बन जाता है। आपके चारों ओर ढेर सारी सकारात्मक संभावनाएँ हैं, लेकिन यह निर्णय आपको लेना होगा कि अपनी समस्याओं पर ध्यान केंद्रित करें या अपनी संभावनाओं पर। जो लोग समाधानों या सकारात्मक संभावनाओं के बारे में सोचे बिना अपनी समस्याओं पर ध्यान केंद्रित करते हैं, वे मुश्किल समय में समृद्ध नहीं होते हैं, वे तो बस जैसे-तैसे ज़िंदा बचे रहते हैं। इसके बजाय इस तथ्य पर ध्यान केंद्रित करें कि आप जीवित हैं और आप एक ऐसे समय में, एक ऐसी जगह पर रह रहे हैं, जहाँ सफलता सिर्फ़ संभव ही नहीं है, बल्कि वाक़ई हासिल की जा सकती है। मुझे कैसे मालूम कि यह सच है क्योंकि इतिहास गवाह है कि कुछ सबसे बड़ी कंपनियाँ मुश्किल समय में ही पैदा हुई थीं। आईबीएम, हैवलेट-पैकर्ड, माइक्रोसॉफ़्ट, डिज़्नी और वॉलमार्ट सभी इसके उदाहरण हैं। संसार के कुछ सबसे दौलतमंद लोगों ने मुश्किल आर्थिक समय में ही दौलत कमाना शुरू किया था।

जो लोग लंबे समय में जीतते हैं, वे वही हैं, जिन्होंने बुरे समाचारों के बजाय अच्छे समाचारों पर ध्यान केंद्रित करने का निर्णय लिया था। (यह भी एक कारण है कि मैंने जॉली गुड न्यूज़ नामक एक नया संगठन शुरू किया, ताकि लोगों को नकारात्मक समाचारों के बजाय सकारात्मक ख़बरों की सतत ख़ुराक मिले। इस संगठन के बारे में अधिक जानकारी के लिए www.jolleygoodnews.org पर जाएँ और देखें कि यह विकास करने और अगले स्तर पर सफल होने में आपकी मदद कैसे कर सकता है।)

मेरे हिसाब से आपको प्रण करना चाहिए कि आप शुद्ध, शक्तिशाली और सकारात्मक से ख़ुद को भर लेंगे। मैं मानता हूँ कि हमारे पास एक भंडार होना चाहिए, जिससे हम प्रेरणा और प्रोत्साहन ले सकें। मैं मानता हूँ कि हमें प्यास लगने से पहले ही कुएँ खोद लेने चाहिए और सकारात्मक जानकारी की ज़रूरत पड़ने से पहले ही उसे पढ़ना तथा सुनना शुरू कर देना चाहिए। मुश्किल समय में लोग बुनियादी बातें भूल जाते हैं और न्यूज़ में आने वाली बुरी ख़बरों पर ध्यान केंद्रित करने के पुराने तरीक़ों पर चले जाते हैं। न्यूज़ आदत से मजबूर है और जीवन को आदतन नकारात्मक चश्मे से देखती है। अगर सूर्य आधा चमक रहा है, तो यह "आंशिक उजला" के बजाय "आंशिक बदली भरा" दिन कहेगी! ख़बर के बारे में कहावत है, "जहाँ ख़ून, वहाँ ख़बर!"

कई बार लोग हार न मानने के बुनियादी सिद्धांत को इसलिए भूल जाते हैं, क्योंकि वे अपने नकारात्मक, छोटी मानसिकता वाले मित्रों और परिवार वालों से प्रभावित हो जाते हैं। अगर आप विपत्तियों को संपत्तियों में बदलने जा रहे हैं, तो

यह अत्यंत महत्त्वपूर्ण है कि आप सकारात्मक लोगों से घिरे रहें। मैं अक्सर सपनों को धराशायी करने वालों के बारे में बात करता हूँ - वे लोग जो मँडराते रहते हैं और सपनों का गला घोंटने का काम करते हैं। दुर्भाग्य से, ये अक्सर हमारे आंतरिक दायरों के लोग होते हैं। ये ऐसे लोग होते हैं, जिनसे हम प्रेम करते हैं, जो सचमुच हमसे प्रेम करते हैं। जब वे आपकी आशाओं तथा सपनों को चकनाचूर करते हैं और आपको बताते हैं कि वे वास्तविक होने की कोशिश कर रहे हैं, तो वे विद्वेष से प्रेरित नहीं होते हैं! वे तो बस *संभावना के प्रति अंधे* होते हैं। वे कहते हैं कि वे वास्तविक बनने की कोशिश कर रहे हैं और यह सोचते हैं कि चूँकि समय मुश्किल है, इसलिए आपको बस लेट जाना चाहिए और मर जाना चाहिए - जिस दौरान विजेता आगे बढ़ रहे हैं और अवसर व संभावना को देख रहे हैं।

कल के सपने हमारे आज के कामों को केंद्रित कर सकते हैं। *द 7 हैबिट्स ऑफ़ हाइली इफ़ेक्टिव पीपुल (अति प्रभावकारी लोगों की 7 आदतें)* नामक बेस्टसेलिंग पुस्तक के लेखक डॉ. स्टीफ़न कवी ने कहा था, "सबसे प्रभावी लोग हमेशा अंत को दिमाग़ में रखकर शुरू करते हैं और इसके बाद वे उस तस्वीर की ओर बढ़ते हैं!" अपनी विपत्तियों को संपत्तियों में बदलने के लिए आपको भविष्य के बारे में सोचते रहना चाहिए और इस बारे में भी कि चीज़ें किस तरह बेहतर बन सकती हैं।

मेरी *मनी मेकिंग म्यूज़िक और मोटिवेशन सीडी* का यह गीत प्रेरित, बेहद प्रेरित होने की शक्ति बताता है।

बेहद प्रेरित (हाइली मोटिवेटेड) (विली जॉली और पॉल माइनर द्वारा रचित)

कोरस :

प्रेरित, बेहद प्रेरित, प्रेरित होने से मैं शिखर पर पहुँचूँगा
प्रेरित, बेहद प्रेरित, प्रेरित होने से मैं कभी नहीं रुकूँगा

पद 1 :

मेरे पास एक नौकरी थी, जिससे मुझे नफ़रत थी
इससे मैं उकताता था, लेकिन इसने मुझे प्रेरित कर दिया
मैं जानता था कि मुझे यहाँ तो नहीं रहना था
मैं रुकना नहीं चाहता था, मगर छोड़ने से डरता था
लेकिन एक दिन मैंने अपना चेक लिया और वहाँ लगभग कुछ नहीं था
मैं बॉस के पास गया; वह हँसकर बोला उसे परवाह नहीं थी
घर पर बच्चे भूखे थे; मेरा घर नीलाम होने वाला था
तब मैंने निर्णय लिया कि मुझे यह अपने दम पर करना है

कोरस :

प्रेरित, बेहद प्रेरित, प्रेरित होने से मैं शिखर पर पहुँचूँगा
प्रेरित, बेहद प्रेरित, प्रेरित होने से मैं कभी नहीं रुकूँगा

पद 2 :

मेरे मित्रों ने कहा मैं पागल था, जब मैंने उन सबसे विदा ली
लेकिन दरअसल पागल वह है, जो कोशिश करने से घबराता है
उन्होंने कहा कि मैं कामयाब नहीं होऊँगा, कहा कि मैं बच नहीं पाऊँगा
लेकिन मैं जानता था कि मुझे करना ही था, करो या मरो वाली बात थी
इसलिए मैंने अपने सपने को पकड़ा और उसे अपने दिल में रख लिया
मैंने अपनी आस्था बढ़ा ली और ईश्वर में सच्चा विश्वास करना सीखा
मैं जानता था कि मुझे लड़ना था, अपनी पूरी ताक़त से लड़ना था
तब चीज़ें होने लगीं, वरदान मिलने लगे, हर घंटे

कोरस :

प्रेरित, बेहद प्रेरित, प्रेरित होने से मैं शिखर पर पहुँचूँगा
प्रेरित, बेहद प्रेरित, प्रेरित होने से मैं कभी नहीं रुकूँगा

सेतु :

मैंने पाया कि सपने सच होते हैं, अगर आपको भरोसा है,
ख़ुद पर भरोसा है
इसलिए यह चिंता न करें कि दूसरे क्या कहते हैं
अगर आप गंभीर हैं, तो आप रास्ता निकाल लेंगे

बोले गए शब्द 1 :

हैनिबल ने कहा था, “अगर आप राह नहीं खोज सकते, तो राह बना लें!”
देखिए, यह मायने नहीं रखता कि आपके चारों ओर या आपके साथ क्या होता है
मायने तो यह रखता है कि आपके भीतर क्या होता है!
जब लोग आपके सपनों को कुचलें
तो गुस्सा न हों! प्रतिशोध न लें!
आगे बढ़ें! क्योंकि भारी सफलता ही सर्वश्रेष्ठ प्रतिशोध है!

पद 3 :

तो जब लोग आप पर हँसें और आपको दबाने की कोशिश करें
तो उस नकारात्मक को लें और उसे उलट लें!
अपने सपने को जकड़ लें; इसे अपनी आत्मा सुलगाने दें
अपनी आस्था को सक्रिय करें और इसे ऊँचे, ज़्यादा ऊँचे ले जाएँ!
हाँ, इसे शिखर पर पहुँचाएँ।
मैं कभी नहीं रुकने वाला हूँ।

सेतु 2 :

यदि आपमें आस्था है, तो ईश्वर के पास शक्ति है
आपके जीवन को धन्य करने की, हर घंटे
आस्था रखें, इच्छा रखें
ऊपर पहुँचते रहें, जब तक कि आप आकाश तक न पहुँच जाएँ!
कभी भी यह विश्वास नहीं छोडूँगा कि मैं कर सकता हूँ
मेरे पास शक्ति है, आपके पास भी हो सकती है
सपने से शुरू करें, इच्छा को जोड़ लें
अपनी आस्था को जाग्रत करें और इसे ज़्यादा ऊँचे ले जाएँ
इसे शिखर तक ले जाएँ! हाँ!

बोले गए शब्द 2 :

किसी ने कहा था, जीवन में "आपको इस तरह प्रार्थना करनी चाहिए, जैसे सब कुछ ईश्वर पर निर्भर हो
और इस तरह काम करना चाहिए, जैसे सब कुछ आप पर निर्भर हो!"
दोस्तो, यह प्रेरित होने... बेहद प्रेरित होने का समय है!
यह अपने सपनों को जीने का समय है!

जब मैंने उन क़दमों के बारे में सोचा, जिनकी बदौलत मैंने अपने आर्थिक संकट को सफलता में बदला था, तो मुझे अहसास हुआ कि इन शुरुआती क़दमों में से एक है कभी कोशिश न छोड़ने का प्रण करना। यह उतनी ही पुरानी अवधारणा है, जितनी कि मानव जाति। मैंने सफलता की जितनी भी पुस्तकें पढ़ी हैं (और मैंने हज़ारों पढ़ी हैं), उनमें से प्रत्येक में मैंने यह कथन देखा है कि आपको लगन से जुटे रहना चाहिए। लेकिन जब मैंने सफलता के बारे में ज़्यादा सीखा, तो मुझे अहसास हुआ कि

ज़िद और दृढ़ता दरअसल काफ़ी अलग हैं। ज़िद का मतलब है ज़िद्दी, दोहराव भरे अंदाज़ में अपने लक्ष्य की ओर चलते रहना। अपने लक्ष्य पर वार करते रहना, लड़ते रहना और काम करते रहना, जब तक कि यह हासिल न हो जाए। थॉमस एडिसन ज़िद्दी थे; वे विद्युत के बल्ब के आविष्कार में एक हजार से ज़्यादा बार असफल रहे, मगर उन्होंने हार मानने से इंकार कर दिया और अंततः अपना लक्ष्य हासिल कर लिया। मैं यह कहना पसंद करता हूँ कि "लगन प्रतिरोध को तोड़ देती है!"

दृढ़ता से जुटना यह नज़रिया विकसित करना है कि किसी तरह, किसी न किसी तरह आप मुश्किल समय से गुज़र जाएँगे और जीवन में बेहतर जगह पर पहुँच जाएँगे। आप खड़े रहने वाले आख़िरी व्यक्ति होंगे। मुझे उस छोटे मेंढक का कार्टून पसंद है, जो एक रस्सी को थामे है, जिसमें एक गठान है; कैप्शन पर लिखा है, "जब आप रस्सी के छोर तक पहुँच जाएँ, तो गाँठ बाँध लें और पकड़े रहें!"

यह महत्त्वपूर्ण है कि आप अपने लक्ष्य हासिल करने और अपनी आर्थिक विपत्तियों को संपत्तियों में बदलने के लिए मुश्किल समय में ज़िद और दृढ़ता से काम करते रहें। लोगों को ज़िद और दृढ़ता से काम करने को कहना सामान्य बात है, लेकिन यह सामान्य नहीं है कि लोग सचमुच इस सलाह को गले लगाएँ और ऐसा करें। आँकड़े दिखाते हैं कि ज़्यादातर लोग अपने लक्ष्य और सपने इसलिए हासिल नहीं कर पाते, क्योंकि वे बस हार मान लेते हैं। मैंने लोगों को तब हार मानते देखा है, जब वे अपने लक्ष्य के बेहद क़रीब थे। मेरे परिवार की एक सदस्य है, जिसने अपनी नेटवर्क मार्केटिंग कंपनी की टीम बनाने में कड़ी मेहनत की थी। जब उसे पहला चेक मिला, तो यह उम्मीद से कम था, इसलिए उसने नाराज़ होकर काम छोड़ दिया। उसे यह अहसास नहीं हुआ कि सारी नदियाँ एक छोटी सी जलधारा से शुरू होती हैं। मुझे वह समय याद है, जब मैंने पुस्तकें लिखना शुरू किया। शुरुआत में, मैं पुस्तक की हर प्रति पर सिर्फ़ चंद सिक्के कमा रहा था, लेकिन जब ज़्यादा लोग इन पुस्तकों पर बात करने लगे और अपने मित्रों को बताने लगे, तो मेरे सिक्के रुपयों में बदल गए, फिर गड्डियों में, सिर्फ़ इसलिए क्योंकि मैं नहीं रुका था! कभी न रुकें! कभी न छोड़ें! कभी हार न मानें!

अपने सपनों की शक्ति में विश्वास करें

सपने सफलता के बीज हैं। आपके पास एक सपना होना चाहिए। मैंने सफलता की जो भी कहानी कभी पढ़ी या सुनी है, हर कहानी में सपनों की शक्ति का उल्लेख है। *बाइबल* में कहा गया है, "स्वप्न के बिना लोग नष्ट हो जाते हैं!" लेकिन जो नहीं कहा गया है, वह यह है कि स्वप्न होने पर लोग समृद्ध होंगे! आपके पास एक स्वप्न होना चाहिए! आपके पास एक सपना होना चाहिए, एक लक्ष्य होना चाहिए कि

भविष्य में क्या संभव है। आपको सिर्फ़ उसी पर विचार नहीं करना चाहिए कि आज क्या चल रहा है। सपने और लक्ष्य भविष्य के लिए आशा देते हैं; वे वर्तमान के लिए भी आशा देते हैं। हम सभी सपनों और लक्ष्यों की शक्ति के बारे में जानते हैं कि वे केंद्रित करने और गेम प्लान बनाने में मदद करते हैं, लेकिन मैं कहना चाहता हूँ कि हमें मुश्किल समय में भी सपनों और लक्ष्यों की ज़रूरत होती है, क्योंकि वे घाटी से चढ़कर बाहर निकलने और पहाड़ के मुश्किल सिरे पर ऊपर चढ़ने के लिए आशा व ईंधन देते हैं।

हमारे सपनों में शक्ति होती है : हमें उन्हें कसकर पकड़ना चाहिए और उनसे हासिल करने की शक्ति ग्रहण करनी चाहिए। *द ओपस* नामक रोमांचक नई फ़िल्म (www.theopusmovie.com) पूरे संसार में लोकप्रिय हुई है। यह मशहूर फ़िल्म *द सीक्रेट* का आगामी संस्करण है, लेकिन दृष्टिकोण भिन्न है। *द ओपस* में यह तथ्य बताया गया है कि सफलता एक प्रक्रिया का परिणाम होती है। प्रक्रिया में सपना (स्वप्न की शक्ति), योजना (तैयारी की शक्ति) और प्रदर्शन (कर्म करने तथा सपने को वास्तविक बनाने की शक्ति) शामिल हैं। *द सीक्रेट* की तरह ही *द ओपस* में भी चुनिंदा विशेषज्ञ पूरी फ़िल्म में शिक्षण बिंदु देते हैं, लेकिन यह डिज़्नी जैसी कहानी है, जो विशेषज्ञों के संदेशों के ज़रिये बुनी गई है। मुझे इसमें विशेषज्ञ के रूप में शामिल होने का सम्मान मिला है और अपने एक संदेश में मैं सपनों की शक्ति के बारे में अपनी प्रिय कहानी बताता हूँ।

यह 1944 की गर्मियों का एक गर्म दिन था। उस वक़्त मैं अटलांटा, जॉर्जिया में मोरहाउस कॉलेज के कैंपस में था। कॉलेज के सम्मानित प्रेसिडेंट डॉ. बेंजामिन मेज़ अपने ऑफ़िस में बैठे हुए थे। वे सफ़ेद बालों वाले गरिमामय इंसान थे, सूट पहनते थे और अपनी भौंह का पसीना पोंछ रहे थे।

दरवाज़े पर एक दस्तक हुई। डॉ. मेज़ ने कहा, "अंदर आ जाएँ," और दरवाज़ा खुल गया। एक आदमी और एक किशोर नज़र आए। डॉ. मेज़ उछलकर खड़े हो गए और अपने पुराने मित्र रेवरेंड मार्टिन लूथर किंग, सीनियर - डैडी किंग - से हाथ मिलाने के लिए तेज़ी से बढ़े।

डॉ. मेज़ ने कहा, "अंदर आओ, मेरे मित्र!"

डैडी किंग ने अंदर क़दम रखा और बोला, "डॉ. मेज़, मैं जानता हूँ कि आप बहुत व्यस्त हैं, इसलिए मैं आपका बहुत समय नहीं लूँगा। मैं बस आपसे अपने बेटे मार्टी का परिचय कराने आया था। मार्टी 15 साल का है और उसने अभी-अभी हाई स्कूल पूरा किया है। वह शिशिर ऋतु में यहाँ पढ़ने आ रहा है और मुझे एक बड़ा अहसान चाहिए।" डैडी किंग ने आगे कहा, "मुझे ट्यूशन या कमरे और रहने-खाने में मदद नहीं चाहिए; मुझे जिस चीज़ की ज़रूरत है वह ज़्यादा बड़ी है! इस लड़के

के भीतर कोई ख़ास चीज़ है, मैं बस इसे भाँप सकता हूँ और चाहता हूँ कि आप उसे यह सिखा दें कि सपना कैसे देखना है! क्या आप मेरे बेटे को सिखाएँगे कि बड़े सपने कैसे देखना है?"

डॉ. मेज़ ने युवा मार्टी को एक काग़ज़ दिया और उसे हर दिन पढ़ने को कहा। काग़ज़ पर डॉ. मेज़ ने लिखा था :

> यह ध्यान रखो कि जीवन की त्रासदी अपने लक्ष्य तक न पहुँचने में नहीं होती है; त्रासदी तो यह है कि पहुँचने के लिए कोई लक्ष्य ही न हो! दुर्भाग्य यह नहीं है कि अपने अधूरे सपनों के साथ मर जाएँ; दुर्भाग्य तो यह है कि सपने देखे ही न जाएँ। आपदा यह नहीं है कि आप अपने आदर्श को जकड़ने में समर्थ न हों; आपदा तो यह है कि जकड़ने के लिए कोई आदर्श ही न हो। सितारों तक न पहुँचना अपमानजनक नहीं है, बल्कि पहुँचने के लिए कोई सितारा न होना अपमानजनक है। असफलता नहीं, बल्कि नीचा लक्ष्य पाप है!

मैं आपसे बड़े सपने देखने का आग्रह करता हूँ! मुझे एक पिता का उद्धरण बहुत पसंद है, जिन्होंने अपने बेटे से कहा था, "इतने बड़े सपने देखो कि तुम उन्हें एक ज़िंदगी में हासिल न कर सको।"

आपके लक्ष्य क्या हैं? आपके सपने क्या हैं? आप आज जिस भी चीज़ का इस्तेमाल करते हैं, हर चीज़ किसी इंसान के दिमाग़ में शुरू हुई थी। यह एक विचार के रूप में शुरू हुई थी और बाद में उस विचार की अभिव्यक्ति बनी थी। सफलता हमेशा अंदर शुरू होती है और इसके बाद ही बाहर प्रकट होती है। जैसा *व्हाट मेक्स द ग्रेट ग्रेट* के लेखक डॉ. डेनिस किम्ब्रो ने मेरे रेडियो शो में कहा था, "पहले विचार आता है, फिर वस्तु आती है। पहले आंतरिक आता है, जो बाहरी को बनाता है।" अगर सपना पर्याप्त बड़ा है, तो समस्याएँ मायने नहीं रखती हैं।

ऐसे लक्ष्य कैसे तय करें, जो आपको चलाते रहें

बाइबल कहती है, अपने सपने लिखें और स्पष्टता से लिखें, ताकि जो उन्हें पढ़े वह दौड़ में दौड़ सके! आपको लिखित सपने और लक्ष्यों की ज़रूरत है और नियमित रूप से उन्हें पढ़ने की ज़रूरत होती है, ताकि वे आपको उस दिशा में एकाग्र रख सकें, जहाँ आप जाना चाहते हैं और जो आप हासिल करना चाहते हैं। मैं नए साल के संकल्प नहीं बनाता हूँ। इसका कारण यह है कि उन्हें प्रायः लिखा नहीं जाता है और आम तौर पर उन्हें जनवरी के अंत तक भुला दिया जाता है। लेकिन जिन लक्ष्यों को लिख लिया जाता है, वे आपको शक्ति देते हैं! अगर आप दौलत बनाना

चाहते हैं, तो यह महत्त्वपूर्ण है कि आप अपने सपने और लक्ष्य लिख लें तथा उन्हें नियमित रूप से पढ़ें।

दौलत बनाने का एक और क़दम यह तय करना है कि आप अपने लक्ष्य क्यों पाना चाहते हैं। सबसे पहले तो आपको एक लक्ष्य चाहिए, लेकिन अगर आप सचमुच गंभीर हैं, तो आप अगला क़दम उठाएँगे और लक्ष्य हासिल करने तक आगे बढ़ते रहने के प्रबल कारण खोज लेंगे। जब भटकाने वाली चीज़ें आएँगी, तो इन कारणों से आपको शक्ति मिलेगी और आप एकाग्रचित्त बने रहेंगे। शायद दौलतमंद बनने का आपका कारण यह है कि आप अपने माता-पिता के लिए मकान ख़रीद सकें या अपने बच्चों को ख़ुद से बेहतर जीवन दे सकें या शायद इसलिए क्योंकि कोई आपकी बदहाली में आपके प्रति दयालु रहा था और आप दूसरों की मदद करके उस दयालुता का कर्ज़ उतारना चाहते हैं। मैं नहीं जानता कि आपके कारण क्या हैं, लेकिन मैं यह जानता हूँ कि जिन लोगों के पास अपने लक्ष्यों तक पहुँचने के प्रबल कारण होते हैं, वे दूसरों के मुक़ाबले उन लक्ष्यों को ज़्यादा तेज़ी से और ज़्यादा अच्छी तरह हासिल कर लेते हैं। दौलत बनाने की इच्छा अच्छी है, लेकिन अगर आप इसका एक प्रबल कारण पहचान सकें, तो इसका आपकी सफलता पर शक्तिशाली प्रभाव पड़ेगा! क्या आपके पास लक्ष्य हैं? क्या वे लिखे हुए हैं? आपके कारण क्या हैं? आपके क्यों कौन से हैं? मेरी सलाह है कि आप इसी समय इन सवालों के जवाब दें और फिर इन सपनों तथा लक्ष्यों को हक़ीक़त में बदलने के लिए आवश्यक क़दम उठाएँ। नीत्शे ने कहा था, “अगर आप जीवन के ‘क्यों’ को जानते हैं, तो आप किसी भी ‘कैसे’ को सहन कर सकते हैं!” अपने क्यों खोजने का निर्णय लें!

मैं एक तकनीक बताना चाहता हूँ, जिसका इस्तेमाल मैंने अपने कुछ कोचिंग ग्राहकों के साथ किया है, जब वे अपने कारण और प्रबल क्यों खोजने के लिए संघर्ष कर रहे थे। मैं जानता हूँ कि हम सभी को अप्रत्याशित उपहार मिलना सुखद लगता है, लेकिन मैंने यह भी पाया है कि उपहार देते समय लोग अपने प्रियजनों के चेहरे के भाव देखकर ख़ुश होते हैं, यहाँ तक कि सबसे भावहीन लोगों को भी देने से संतुष्टि मिलती है। इसलिए मैंने लक्ष्य बनाने के लिए अपने ग्राहकों के साथ चार श्रेणियों में काम शुरू किया। सबसे पहले मैं उनसे कहता हूँ कि वे अपने “देने के लक्ष्य” लिख लें। वे क्या देना पसंद करेंगे? वे कौन सी विरासत छोड़ना चाहेंगे? वे दूसरों के जीवन पर क्या प्रभाव डालना चाहेंगे?

फिर मैं उन्हें बताता हूँ कि “देने” से पहले उन्हें “पाना” होगा, क्योंकि आप वह नहीं दे सकते, जो आपके पास है ही नहीं! इसलिए मैं उनसे “पाने के लक्ष्य” लिखने को कहता हूँ। आपको क्या पाने की ज़रूरत है - आपको क्या उत्पन्न करने की ज़रूरत है, ताकि आप वे चीज़ें दे पाएँ, जो आप देना चाहेंगे? यह आश्चर्यजनक है कि जब हम पाने को देने से जोड़ देते हैं, तो यह सिर्फ़ पाने से ज़्यादा गहन

हो जाता है। मैंने पाया है कि ज़्यादातर माँ-बाप ख़ुद के लिए जितना करेंगे, अपने बच्चों के लिए उससे ज़्यादा करेंगे। उनके पास ऐसी चीज़ें होती हैं, जो वे व्यक्तिगत रूप से चाहते हैं, लेकिन उनमें ख़ुद से पहले अपने बच्चों के लिए करने की प्रवृत्ति होगी। इसीलिए अपने पाने के लक्ष्यों पर काम करने से पहले यह जानना बेहतर है कि हमारे देने के लक्ष्य क्या हैं। आपको क्या "पाना" चाहिए, ताकि आप "दे" सकें?

अगली श्रेणी है "कर्म लक्ष्य।" आपको क्या "करना" चाहिए, ताकि आप "पा" सकें, ताकि आप "दे" सकें? तब आप ज़्यादा आमदनी उत्पन्न करने के लिए अपनी दैनिक गतिविधियों का नक़्शा बनाते हैं। आपको कौन से क़दम उठाने चाहिए और कौन सी योजनाएँ बनानी चाहिए? अपने लक्ष्य हासिल करने के लिए आपको क्या करना चाहिए और आपको कौन सी चीज़ें करना छोड़ना चाहिए? हम सभी जीवन में ऐसी चीज़ें करते हैं, जो लक्ष्य तक पहुँचने में हमारे लिए हानिकारक होती हैं। (एक उदाहरण तब था, जब मैंने कहा कि मैं थोड़ा वज़न कम करना चाहता था, लेकिन इसके बावजूद मैं रात को आइसक्रीम खा रहा था... यह मेरे लक्ष्य के लिए हानिकारक था, इसलिए मुझे रुकना पड़ा!) आपको ख़ुद से तीन बड़े प्रश्न पूछने चाहिए... आप क्या कर रहे हैं, आप क्या ज़्यादा कर सकते हैं और अपने लक्ष्य हासिल करने के लिए आपको कौन सी चीज़ें करना छोड़ना चाहिए? एक बार जब आप जान जाएँ कि आपको क्या करना चाहिए और क्या करना छोड़ना चाहिए, तो आप ज़्यादा बड़ी सफलता की राह पर हैं और आपको ज़्यादा स्पष्ट अहसास होगा कि पाने के लिए आपको क्या करना चाहिए, ताकि आप दे सकें!

अंत में, आपके "बनने के लक्ष्य" क्या हैं? आपको क्या बनना चाहिए, ताकि आप कर सकें, ताकि आप पा सकें, ताकि आप दे सकें? कोई ऐसा काम करने के लिए जो आपने कभी नहीं किया है, आपको ऐसा बनने की ज़रूरत है, जो आप कभी नहीं रहे हैं! आपको वैसा बनने के लिए क्या करना चाहिए, जो चुनौतीपूर्ण आर्थिक समुद्र में नाव खे सके और ज़्यादा भारी दौलत बना सके? आर्थिक साक्षरता के संदर्भ में आपको क्या सीखने की ज़रूरत है? आपको व्यवसाय संबंधी कौन सी पुस्तकें पढ़ने की ज़रूरत है? आपको कौन सी नई योग्यताओं का समूह विकसित करना चाहिए? आपको कौन सी नई आदतें डालनी चाहिए? आपको वैसा व्यक्ति बनने के लिए क्या करना चाहिए, जिसे अविश्वसनीय परिणाम मिल सकें? मैं मानता हूँ कि हम सभी में ऐसी क्षमता होती है, जिसका अब तक दोहन नहीं किया गया है और अगर हम उस क्षमता का दोहन शुरू कर दें, तो हम ख़ुद को आश्चर्यचकित कर देंगे। इमर्सन ने कहा था, "जो हमारे सामने है और जो हमारे पीछे है, उसकी तुलना कभी उससे नहीं हो सकती, जो हमारे भीतर है!" फ़िल्म *द लॉयन किंग* में मुफ़ासा अपने बेटे सिम्बा से कहते हैं, "मेरे बेटे, तुम जो बने हो, उससे ज़्यादा हो!"

मैं मानता हूँ कि हमारे भीतर इतना ज़्यादा है कि हमें ख़ुद पता नहीं होता, लेकिन हममें लगातार अपना विकास करने की इच्छा होनी चाहिए। अगर हम ज़्यादा बड़े परिणाम चाहते हैं, तो हमें बेहतर बनना चाहिए; इसलिए मैं अब स्पेनिश और फ़्रेंच सीख रहा हूँ, ताकि मैं ज़्यादा लोगों के साथ संवाद कर सकूँ। मैं विकास करने के तरीक़ों की छानबीन कर रहा हूँ और मेरा आपसे भी यही आग्रह है कि आप अपना विकास जारी रखें और ख़ुद को विकसित करते रहें! आपको क्या "बनना" चाहिए, ताकि आप "कर" सकें, ताकि आप "पा" सकें, ताकि आप "दे" सकें? मुझे पक्का यक़ीन है कि अगर आप इन सवालों के जवाब देते हैं, तो आप देखेंगे कि आपका भविष्य ज़्यादा स्पष्ट और ज़्यादा उज्ज्वल बन जाएगा!

5

प्रोएक्टिव बनें

आपका भविष्य कई चीज़ों पर निर्भर करता है,
लेकिन सबसे ज़्यादा ख़ुद आप पर!

—फ्रैंक टाइगर

आपकी आर्थिक स्थिति के कायाकल्प के लिए यह अत्यंत महत्त्वपूर्ण है कि आप प्रोएक्टिव बनें। प्रोएक्टिव शब्द को डॉ. स्टीफ़न कवी ने अपनी ज़बर्दस्त पुस्तक *द 7 हैबिट्स ऑफ़ हाइली इफ़ेक्टिव पीपुल* में लोकप्रिय किया था। मैंने उनकी पुस्तक पहली बार बरसों पहले पढ़ी थी, लेकिन पिछले साल ऑस्ट्रेलिया में मुझे एक सम्मेलन में उनके साथ बोलने का अवसर मिला और हममें मित्रता हो गई। तब मैंने ज़्यादा गहराई से सीखा कि *प्रोएक्टिव* शब्द से उनका क्या मतलब था। प्रोएक्टिव बनने का मतलब है पहल करके कार्य करना। डॉ. कवी के हिसाब से वैसे तो सातों आदतें महत्त्वपूर्ण हैं, लेकिन प्रोएक्टिव बनना बुनियादी आदत है - वह बुनियाद, जिससे दूसरी आदतें उत्पन्न होती हैं।

प्रोएक्टिव बनना यह पहचानना है कि आपके व्यक्तिगत कार्यों का आपकी वर्तमान स्थिति पर प्रभाव पड़ सकता है और वे इसे बेहतर बना सकते हैं। प्रोएक्टिव बनने का मतलब है कि आप काम करते हैं, बस बैठकर इंतज़ार नहीं करते हैं। प्रोएक्टिव बनने का मतलब यह है कि आप "उठकर काम करते हैं" (जैसा मेरी माँ महत्त्वाकांक्षी लोगों के बारे में कहा करती थीं)। प्रोएक्टिव बनने का मतलब है कि आप अपने भविष्य के लिए ज़िम्मेदारियाँ लेते हैं और अपने विचारों तथा सपनों को साकार करने के इच्छुक रहते हैं; आप हाथ पर हाथ रखकर उनके प्रकट होने का इंतज़ार नहीं करते हैं। आप उन विचारों और सपनों को हक़ीक़त में बदलने के लिए आवश्यक काम करते हैं और इसके लिए आवश्यक क़दमों पर पूरा सोच-विचार करते हैं।

प्रोएक्टिव बनना *रिएक्टिव* या प्रतिक्रियाशील बनने के विपरीत है, जिसका मतलब है चीज़ों के बदलने के लिए किसी बाहरी उद्दीपन का इंतज़ार करना।

प्रतिक्रियाशील लोगों की मानसिकता यह होती है कि "चीज़ें जैसी हैं, वैसी हैं और हम उन्हें बदलने के लिए कुछ नहीं कर सकते।" प्रोएक्टिव लोग चीज़ों के होने का इंतज़ार नहीं करते हैं, वे चीज़ों को घटित कराते हैं! अपनी आर्थिक विपत्तियों को संपत्तियों में बदलने के लिए यह आवश्यक है कि आप प्रोएक्टिव बनें।

विजेता चीज़ें घटित कराते हैं, पराजित चीज़ें होने देते हैं

मेरी डेस्क पर एक साइन है, जिस पर लिखा है : "विजेता चीज़ें घटित कराते हैं, पराजित चीज़ें होने देते हैं!" कुछ लोग इसे थोड़ी अलग तरह बोलते हैं। वे कहते हैं, "कुछ लोग चीज़ें घटित कराते हैं, दूसरे देखते हैं कि क्या हुआ था और बाक़ी चारों तरफ़ खड़े होकर पूछते हैं, "क्या हुआ?" आप इसे चाहे जिस तरीक़े से कहें, सच यही है कि विजेता वही हैं, जो चीज़ों को घटित कराने का संकल्पवान निर्णय लेते हैं!

जब पूछा जाता है कि आपको सफल होने से कौन सी चीज़ रोकती है, तो ज़्यादातर लोग सरकार को या अर्थव्यवस्था को या अपने परिवारों या जीवन के "वाद" (मसलन... लिंगवाद, जातिवाद, उम्रवाद आदि) को दोष देते हैं। लेकिन ज़्यादातर लोग उस एक चीज़ को अपनी सूची में शामिल नहीं करते हैं, जो सबसे महत्त्वपूर्ण है। यह वही व्यक्ति है, जिसे हम हर दिन आईने में देखते हैं... यह हम हैं! हम जीवन में अपनी सफलता की मुख्य बाधाएँ हैं!

यह कहा गया है और मैं इसे सच मानता हूँ कि सफलता 80/20 नियम का अनुसरण करती है : 80 प्रतिशत काम आम तौर पर 20 प्रतिशत लोग करते हैं। व्यक्तिगत उपलब्धि के क्षेत्र में इसका मतलब है कि लक्ष्यों तक पहुँचने की 80 प्रतिशत असफलता के लिए हम ख़ुद ज़िम्मेदार होते हैं और बाहरी बाधाएँ सिर्फ़ 20 प्रतिशत ज़िम्मेदार होती हैं। पुरानी अफ़्रीकी सूक्ति है, "यदि आप अंदर के शत्रु को हरा सकें, तो बाहर का शत्रु आपका कोई नुक़सान नहीं कर सकता!" हमें अपने साथ निर्ममता से ईमानदार रहना चाहिए और इस अहसास पर आना चाहिए कि अपनी सफलता की सबसे बड़ी चुनौती हम ख़ुद हैं!

अगर आप जीतना चाहते हैं, तो चीज़ें न होने दें और चीज़ें करना शुरू करें। याद रखें, हक़ीक़त यही है कि लोग बोलते ज़्यादा हैं, करते कम हैं... इसलिए चलिए काम शुरू कर दें! आज ही ख़ुद पर विजय पाने का संकल्प लें, ताकि आप अपने लक्ष्यों तक पहुँच सकें।

मुश्किल आर्थिक दौर में ज़्यादातर लोग बैठकर अर्थव्यवस्था के बदलने का इंतज़ार करते हैं। वे इस बारे में बात करते हैं कि परिस्थितियाँ कितनी बुरी हैं और वे तूफ़ानों में जैसे-तैसे ज़िंदा बचकर निकलना चाहते हैं। लेकिन कुछ लोग ऐसे भी होते हैं, जो चीज़ें होने का इंतज़ार नहीं करते हैं, वे चीज़ें घटित कराते हैं। माइकल

वी. रॉबर्ट्स ऐसे ही शख़्स हैं। वास्तव में, उन्होंने चीज़ों को इतनी सफलता से घटित कराया है कि वे और उनके भाई स्टीवन अब रॉबर्ट्स एंड रॉबर्ट्स के झंडे तले कई कंपनियाँ चलाते हैं, जिनका सम्मिलित मूल्य लगभग 2 अरब डॉलर है। उन्हें इस बात का अहसास है कि मुश्किल आर्थिक स्थितियाँ बड़ी चुनौतियों के साथ-साथ बड़े अवसर भी प्रदान करती हैं।

मैं माइक रॉबर्ट्स से तब मिला था, जब मैंने बर्मिंघम, अलाबामा में ए जी गैस्टन इकोनॉमिक कॉन्फ्रेंस में व्याख्यान दिया। वे प्रारंभिक वक्ता थे और मैं लंच के समय बोलने वाला था, इसलिए मैं उनका संदेश सुनने के लिए जल्दी आ गया। उनकी कहानी सुनकर मैं पूरी तरह भावविभोर हो गया।

उन्होंने बताया कि वे सेंट लुइस, मिज़ूरी के ग़रीब इलाके में कैसे बड़े हुए। उनके कामकाजी अभिभावक "ग़रीब तो नहीं थे, लेकिन उनके पास पैसा भी नहीं रहता था।" वे कॉलेज और लॉ स्कूल गए। लॉ स्कूल की पढ़ाई पूरी करने के बाद जब वे बाहर आए, तो उन्होंने देखा कि सेंट लुइस आर्थिक संकट में फँसा हुआ था। कई बड़ी औद्योगिक कंपनियाँ बंद हो गई थीं और कई मकान वीरान तथा बंद थे। उन्होंने अपने भाई के साथ एक छोटी निर्माण कंपनी बनाई और शहर के नागरिकों का मानसिक नज़रिया बदलने का काम शुरू कर दिया। इस काम में वे इतने सफल हुए कि उन्हें सिटी काउंसिल में चुन लिया गया। इसके बाद जल्दी ही उनके भाई को भी सिटी काउंसिल में चुन लिया गया। दोनों भाई शहर को बेहतर बनाने के प्रोजेक्ट्स पर काम करते रहे, लेकिन अंततः उनकी कंपनी इतनी बड़ी हो गई कि उन्हें अपना पूरा समय कंपनी को समर्पित करना पड़ा। उन्होंने सिटी काउंसिल छोड़ दी और वे सेंट लुइस के नागरिकों के लिए अधिकाधिक रहवासी मकान बनाने लगे।

रॉबर्ट्स ब्रदर्स ने अपना कारोबार फैलाते हुए एक निर्माण कंपनी का अधिग्रहण कर लिया और फिर एक छोटा टेलीविज़न स्टेशन ख़रीदकर उन्होंने एक मीडिया कंपनी भी बना ली। वे इन दोनों व्यवसायों में विस्तार करते रहे और एक समय ऐसा आया, जब वे देश की सबसे बड़ी डेवलपर और मीडिया कंपनी बन गए। आज अमेरिका में उनके ख़ुद के होटल, टेलीकॉम कंपनियाँ और विमान लीज़िंग सेवाएँ हैं - और यह सब इसलिए हुआ, क्योंकि उन्होंने मंदी और गिरी हुई आर्थिक स्थिति का इस्तेमाल करके एक ज़बर्दस्त व्यवसाय खड़ा कर लिया। माइक ने *एक्शन हैज़ नो सीज़न* नामक पुस्तक लिखी है, जो इस तथ्य पर ध्यान केंद्रित करती है कि प्रोएक्टिव लोग समय की परवाह नहीं करते हैं; वे जानते हैं कि जो लोग सफल होने के लिए संकल्पवान और समर्पित होते हैं, उनके लिए अवसर हमेशा मौजूद रहते हैं। पुस्तक में उन्होंने एक नया शब्द एक्शनेअर ईजाद किया, यानी वे लोग जो चीज़ों के घटित होने का इंतज़ार नहीं करते हैं, बल्कि कर्म करके चीज़ों को घटित कराते हैं!

माइक रॉबर्ट्स कहते हैं कि अगर आप दौलत बनाना चाहते हैं, तो आपमें

अपने ख़ास व्यवसाय के बारे में ज़्यादा से ज़्यादा सीखने की इच्छा रहनी चाहिए। इसके अलावा, आपमें व्यवसाय चलाने तथा कर्मचारियों व प्रदर्शन का प्रबंधन करने के बारे में ज़्यादा से ज़्यादा सीखने की इच्छा भी रहनी चाहिए। वे अपनी पुस्तक में लोगों को प्रोत्साहित करते हैं कि वे दौलतमंद बनने की कोशिश करें, सिर्फ़ "अमीर" बनने की कोशिश न करें। वे कहते हैं कि अमीर लोग सिर्फ़ एक पीढ़ी के संदर्भ में सोचते हैं, जबकि दौलतमंद लोग विरासत के संदर्भ में सोचते हैं, जिसका मतलब है कि वे अपनी दौलत कई पीढ़ियों तक क़ायम रखना चाहते हैं।

वे कहते हैं कि अमीर लोग चीख़ते हैं, जबकि दौलतमंद लोग कानाफूसी करते हैं। वे कहते हैं कि अमीर लोगों में इस तरह दिखने और काम करने की प्रवृत्ति होती है, मानो वे बहुत अमीर हों। वे अपनी अमीरी को बढ़ा-चढ़ाकर दिखाने की कोशिश करते हैं, जबकि दौलतमंद लोगों में अपनी दौलत को कम करके दिखाने की प्रवृत्ति होती है। मैं सोचता हूँ कि माइक की बात में दम है, क्योंकि *बाइबल* में ईश्वर ने अमीरों पर त्योरी चढ़ाई है (अमीर युवा शासक की कहानी और इसकी नीतिकथा कि किसी अमीर व्यक्ति का स्वर्ग में जाना किसी ऊँट के सुई की नोंक से जाने से मुश्किल है!) लेकिन ईश्वर दौलतमंद लोगों की ओर देखकर मुस्कराता है! (ड्यूटरोनॉमी 8:18 में कहा गया है, यह ईश्वर ही है जो आपको दौलत पाने की शक्ति देता है; प्रोवर्ब्स 13:22 में कहा गया है, एक अच्छा व्यक्ति अपने बच्चों के लिए विरासत छोड़ता है, लेकिन पापी की दौलत ईमानदारों के लिए संग्रहीत होती है)।

माइक यह भी कहते हैं कि जब उन्होंने और उनके भाई ने यह काम शुरू किया, तो उनके पास दो सिक्के भी नहीं थे, जिन्हें वे आपस में रगड़ सकें। वे दौलतमंद परिवार की संतान नहीं थे और उनके पास ज़्यादा पैसे भी नहीं थे, लेकिन उनके पास एक सपना था, मेहनत करने की इच्छा थी और उठकर आगे बढ़ने की ऊर्जा व समय निवेश करने की इच्छा थी। रॉबर्ट्स बंधु मानते हैं कि चुनौतियाँ और विपत्तियाँ आना तय है, लेकिन आपको एक सकारात्मक दृष्टिकोण रखना चाहिए और अपनी मानसिकता बना लेनी चाहिए कि आप इस खेल को जीतने के लिए खेल रहे हैं! सपने के साथ शुरू करें, अपनी योजना पर कड़ी मेहनत करें और फिर जमकर काम करें! कर्मवादी बनें और जीतने के लिए खेलें!

प्रोएक्टिव बनने का मतलब ऊपर उठना और कर्म करना है!

अगर आप अपनी विपत्तियों को संपत्तियों में बदलने जा रहे हैं, तो कर्म अनिवार्य है। बेस्टसेलिंग *चिकन सूप फ़ॉर द सोल सीरीज़* के सह-लेखक जैक कैनफ़ील्ड ने मुझे बताया कि उन्हें और उनके सह-लेखक मार्क विक्टर हैन्सन को 30 से ज़्यादा प्रकाशकों ने ठुकरा दिया था, लेकिन इसके बावजूद उन्हें अपनी पुस्तक में यक़ीन था, इसलिए वे कोशिश करते रहे। आख़िरकार एक छोटे प्रकाशक

(हेल्थ कम्युनिकेशन्स इंक) ने उन पर जोखिम लेते हुए प्रकाशन अनुबंध कर लिया। एचसीआई ने उन्हें बड़ा एडवांस नहीं दिया और भारी वितरण का वादा भी नहीं किया। उन्होंने एचसीआई से कहा कि अगर वे पुस्तकों को स्टोर में पहुँचा दे, तो इसे बिकवाने का काम वे ख़ुद कर देंगे। वे पुस्तकों के प्रचार के लिए सातों दिन चौबीसों घंटे काम करेंगे। वे काम में जुट गए और उन्होंने हर दिन दो रेडियो या टेलीविज़न इंटरव्यू देने का संकल्प लिया। उन्होंने यह काम एक साल से ज़्यादा समय तक किया और धीरे-धीरे लेकिन निश्चित रूप से पुस्तकें बिकने लगीं। कुछ ही वर्षों में यह पुस्तक राष्ट्रीय बेस्टसेलर बन गई और फिर अंतरराष्ट्रीय बेस्टसेलर बन गई। इसके बाद चिकन सूप सीरीज़ की दूसरी पुस्तक आई और यह भी बेस्टसेलर बनी। और यहाँ से मार्क और जैक की मल्टीमिलियन डॉलर की सफलता की कहानी शुरू हुई। आपको प्रोएक्टिव बनना होता है और कर्म करना होता है।

जैक ने एक उदाहरण बताया, जिससे वे अपने दर्शकों को प्रोएक्टिव बनने का महत्त्व बताते हैं। उनकी सफलता की राह में कौन सी चुनौतियाँ थीं और उन्होंने कैसे उठकर काम किया, लोगों को यह बताने के बाद वे 100 डॉलर का नोट निकालकर कहते हैं, "यह 100 डॉलर का नोट कौन चाहता है?" लोग अपने हाथ लहराते हैं और चिल्लाने लगते हैं, लेकिन जैक बस नोट थामे रहते हैं... जब तक कि कोई अपनी कुर्सी से उठकर सामने नहीं आता है और नोट को उनके हाथ से ले नहीं लेता है! यही वह व्यक्ति है, जो जीतता है!

लेखक और सफलता कोच जॉन डी लेम्मे कहते हैं :

विजेता - हमेशा जवाब का हिस्सा होता है।
पराजित - हमेशा समस्या का हिस्सा होता है।
विजेता - हर समस्या के लिए एक जवाब देखता है।
पराजित - हर जवाब के लिए एक समस्या देखता है।
विजेता - हर काँटे के पास एक फूल देखता है।
पराजित - हर फूल के पास दो-तीन काँटे देख लेता है।
विजेता - कहता है "यह मुश्किल हो सकता है, लेकिन यह संभव है!"
पराजित - कहता है "यह संभव हो सकता है, लेकिन यह बहुत मुश्किल है!"
विजेता - कहता है "मुझे कुछ करना चाहिए!"
पराजित - कहता है "कुछ होना चाहिए!"

विजेता बनना पसंद करें!

उठें और चलने लगें – अपनी क़ाबिलियत जानें और काम में जुटें!

जब मैं छोटा था, तो किंग ऑफ़ सोल कहे जाने वाले गायक जेम्स ब्राउन का एक गीत काफ़ी लोकप्रिय था। इसमें कहा गया था, "अपनी क़ाबिलियत के दम पर खड़े हो जाएँ... हर कोई खड़ा हो जाए!" जब हम दौलत बनाने की प्रक्रिया को देखते हैं, तो मैं सोचता हूँ कि अपनी सफलता और दौलत निर्माण संबंधी निष्कर्ष निकालने के लिए यह एक अच्छा रूपक है। अगर आप अपनी सफलता के बारे में गंभीर हैं, तो सबसे पहले तो *आपको उठने और चलने का* संकल्प लेना चाहिए। जब तक आप प्रक्रिया में शामिल न हों, तब तक आपको बहुत कम सफलता मिलती है। लेखक बो बेनेट ने अपने उद्धरणों के संग्रह (इयर्स टु सक्सेस, आर्चीबॉय होल्डिंग्स, एलएलसी, 2004) में कहा था, "आशा, इच्छा, आस्था और प्रार्थना शब्दों के अर्थ में दुविधा करने का परिणाम आम तौर पर हल्की-फुल्की व्याकरण की ग़लती है, लेकिन जब इनमें से किसी शब्द, ख़ास तौर पर आशा को कर्म का पर्यायवाची समझने की ग़लती की जाती है, तो परिणाम विनाशकारी हो सकते हैं!" *बाइबल* (जेम्स 2:26 एनकेजेवी) में कहा गया है कि कर्म के बिना आस्था मुर्दा है। आपको उठकर खड़े होना चाहिए और अपने लक्ष्यों तथा स्वप्नों पर काम करना चाहिए!

इसके बाद आपको अपनी क़ाबिलियत के दम पर खड़ा होना चाहिए। हर व्यक्ति के पास एक अच्छा हुनर, योग्यता या गुण होता है, जिसका उसे वरदान मिला है। आपको अपने ख़ास गुण को खोजना चाहिए और इसका इस्तेमाल करने की इच्छा रखनी चाहिए। सफलता और दौलत निर्माण की एक कुंजी अपना प्रतिस्पर्धी लाभ खोजना और उसका दोहन करना है। उन्होंने कहा, 7 फ़ुट और 300 पाउंड के किसी व्यक्ति की कल्पना करें, जो जॉकी यानी घुड़दौड़ का घुड़सवार बनने का निर्णय लेता है, क्योंकि किसी ने उसे यह विकल्प बताया था। यह मूर्खतापूर्ण लगता है, लेकिन हमें ऐसे लोग हर दिन मिलते हैं, जो अपने भविष्य के बारे में दूसरों की बात सुनते हैं और अपने स्वाभाविक गुणों को कभी खोज या पहचान नहीं पाते हैं। कुछ लोग कला में अच्छे होते हैं, दूसरे लेखन में अच्छे हो सकते हैं, अन्य व्यवस्थापन या विश्लेषण में अच्छे हो सकते हैं और बाक़ी कुकिंग में अच्छे हो सकते हैं। मैं नहीं जानता कि आपका "अच्छा पैर" क्या है, लेकिन मैं यह ज़रूर जानता हूँ कि हर इंसान के पास एक न एक ऐसी चीज़ होती है, जिसे वह आसानी से कर सकता है। मैं सलाह देता हूँ कि आप अपनी क़ाबिलयित का पता लगाएँ, इसके दम पर खड़े हों और व्यस्त हो जाएँ!

मुझे कहना होगा कि कभी-कभार ज़िंदगी आपकी ओर एक फिरकी गेंद फेंकेगी और उस "क़ाबिलियत" के विकल्प को दूर कर देगा। मिसाल के तौर पर, आपकी कंपनी में छँटनी हो जाती है या आपके पद को ख़त्म कर दिया जाता है और आप

नई नौकरी नहीं खोज पाते हैं। अगर किसी कारण आप अपनी क़ाबिलियत के दम पर खड़े नहीं हो सकते, तो मैं कहता हूँ कि आप जिस किसी भी दम पर खड़े हो सकते हों, खड़े हो जाएँ, जब तक कि आप बेहतर न कर सकें। पूर्व पेशेवर बास्केटबॉल खिलाड़ी वाल्टर बॉन्ड मेरे मित्र हैं और उन्हें हाल ही में मिनेसोटा टूरिज़्म एसोसिएशन द्वारा स्पीकर ऑफ़ द इयर घोषित किया गया है। उन्होंने कहा था, "मुझे बास्केटबॉल से बाहर निकाल दिया गया और तब मुझे अहसास हुआ कि मुझे एक नया प्रेम खोजना था। इसलिए मैंने ख़ुद पर काम किया और यह पाया कि मेरे पास दूसरे गुण और योग्यताएँ थीं, जिन पर मुझे सिर्फ़ मेहनत करने और उन्हें विकसित करने की ज़रूरत थी।" मैं कहता हूँ, अगर आप अपनी क़ाबिलियत के दम पर खड़े नहीं हो सकते, तो जिस किसी की भी दम पर हो सकते हों, खड़े हो जाएँ और व्यस्त हो जाएँ!

डॉ. कवी ने *प्रोएक्टिव* शब्द को लोकप्रिय किया था, लेकिन यह कोई नई अवधारणा नहीं है। युगों-युगों से लोगों ने पाया है कि कर्म करने से सफलता और उपलब्धि के क्षेत्र में ज़बर्दस्त लाभ मिल सकते हैं। उन्होंने बस इसे अलग-अलग नाम से पुकारा था। जैसा मैंने पहले बताया था, मेरी माँ इसे "उठकर काम करना" कहती थीं। मैंने बचपन से एक और वाक्यांश सुना था, "तेज़ी से तरक्की करने वाला" या "कर्मठ इंसान" बनना। ये सारी शब्दावलियाँ एक ही अर्थ की ओर संकेत करती हैं; यानी अपनी वर्तमान परिस्थितियों को बदलने के लिए आपको कर्म करना चाहिए और डटकर मेहनत करनी चाहिए। मैं इसे इस तरह कहना पसंद करता हूँ कि आपको धक्कामुक्की करनी चाहिए!

धकेलने की शक्ति को समझना

अपनी विपत्तियों को संपत्तियों में बदलने के लिए आपको धकेलने की इच्छा रखनी चाहिए। आप अपनी धकेलनेवाली मांसपेशी पर लगातार मेहनत करने का निर्णय लेते हैं, ताकि आप इसे विकसित कर सकें और ज़्यादा शक्तिशाली बना सकें। किसी भी दूसरी मांसपेशी की तरह ही धकेलनेवाली मांसपेशी का विकास भी व्यायाम से होता है, क्योंकि आप किसी मांसपेशी पर जितना काम करते हैं, यह उतनी ही ज़्यादा शक्तिशाली बनती है। अगर आप अपनी बाइसेप्स सुदृढ़ करना चाहते हैं, तो आप इसका व्यायाम करेंगे; इसी तरह आपको अपनी धकेलनेवाली मांसपेशी का भी व्यायाम करना चाहिए। इसका विकास करें, इसे शक्तिशाली बनाएँ और इसे एक ऐसी मांसपेशी बना लें, जो आपके लिए काम करती हो, क्योंकि आपने इस पर काम करने का निर्णय लिया है।

जब मैंने अपना वक्तृत्व व्यवसाय शुरू किया, तो मैंने धकेलने का संकल्प लिया

और पहले ही दिन से धक्कामुक्की करने लगा। मेरे मित्र और अबाध स्वप्नदृष्टा जेम्स कार्टर मेरे रेडियो शो में अतिथि थे और उन्होंने कहा, "कुछ लोगों के पास बिक्री योजना और मार्केटिंग की योजना होती है, लेकिन बहुत कम लोगों के पास धक्कामुक्की योजना होती है! विली जॉली ने मुझे धक्कामुक्की योजना की शक्ति सिखाई!"

आप पूछ सकते हैं, धक्कामुक्की योजना क्या होती है? यह बस एक संकल्प है कि दूसरे जितना ज़रूरी मानते हैं, आप उससे ज़्यादा कड़ी मेहनत करेंगे। आप वह करेंगे, जो आपके लक्ष्यों तक पहुँचने के लिए ज़रूरी होगा, बशर्ते यह नैतिक और क़ानूनी हो। आप जब तक अपने लक्ष्य तक नहीं पहुँच जाते, तब तक हार नहीं मानेंगे या मैदान नहीं छोड़ेंगे। आप अपने सपनों की ख़ातिर लड़ेंगे और लड़ते रहेंगे!

बिशप टी डी जेक्स ने धकेलने की शक्ति के बारे में जो कहा था, वह मुझे बहुत पसंद है। उन्होंने कहा था कि कई लोग हैरान होते हैं कि वे कहाँ से आए और परिदृश्य पर अचानक प्रकट कैसे हो गए। लोगों को यह अहसास नहीं होता कि "रातोंरात" सफल बनने के लिए उन्होंने वेस्ट वर्जीनिया की पहाड़ियों में 25 साल तक संघर्ष किया और जीतोड़ मेहनत की। उन्होंने कहा कि जब वे अपनी कला पर मेहनत कर रहे थे, तो अपने परिवार के भरण-पोषण के लिए उन्होंने नालियाँ खोदीं और ऐसे सम्मेलनों में प्रवचन दिए, जहाँ सिर्फ़ 25 श्रोता मौजूद थे। वे एक पुरानी, खटारा कार में यात्रा करते थे, लेकिन उन्होंने हार मानने से इंकार कर दिया और धक्कामुक्की करते रहे। उन्होंने कहा कि मरने के बाद भी अगर आप उनके नाख़ूनों के नीचे देखेंगे, तो आपको वहाँ मिट्टी ही मिलेगी। क्यों? क्योंकि उन्होंने कुरेदना और नाख़ून गड़ाना कभी नहीं छोड़ा - मशहूर होने के बाद भी।

मैं कहता हूँ कि आपको एक धकेलने की योजना बना लेनी चाहिए और यह आपको ऐसी जगहों पर ले जाएगी, जहाँ पहुँचने की आपने कभी कल्पना भी नहीं की थी। कभी उस पुल को न भूलें, जो आपको पार ले जाता है; आम तौर पर यही पुल आपको अगले स्तर तक ले जाता है।

एक बार मैं नेशनल एसोसिएशन ऑफ़ कॉलेज एक्टिविटीज़ कनवेंशन में गया। वे वर्ष के लिए वक्ता चुन रहे थे। मैं इस सम्मेलन के लिए रजिस्ट्रेशन फ़ीस की जुगाड़ नहीं कर पाया, इसलिए मैंने एक उपाय खोजा। मेरा एक मित्र कॉलेजों में कुछ व्याख्यान देना शुरू कर रहा था और मैंने उससे कहा कि वह मुझे अपने कमरे में रुकने दे।

चूँकि मैं रजिस्ट्रेशन का ख़र्च नहीं उठा सकता था, इसलिए मैं कनवेंशन हॉल के बाहर खड़ा रहा और अपने वक्तृत्व व्यवसाय के बारे में अपने छोटे-छोटे पर्चे बाँटता रहा। मेरे मित्र ने मुझे देखकर कहा, "यह क्या कर रहे हो? यह फ़ैशनेबल

या सम्मानजनक तरीक़ा नहीं है; यह तो शर्मनाक है!" जैसे ही वह मेरे पास से गया, मैं दोबारा पर्चे बाँटने लगा। जब उसने मुझे दोबारा वही काम करते देखा, तो वह नाराज़ हो गया। वह बोला, "देखो, यहाँ इस तरह से काम नहीं किया जाता है। तुम ख़ुद को शर्मिंदा कर रहे हो!" लेकिन जैसे ही वह गया, मैं दोबारा शुरू हो गया और यह काम तब तक करता रहा, जब तक कि मेरे सारे पर्चे नहीं बँट गए।

उस दिन जब मैं बाद में कनवेंशन सेंटर के पास टहल रहा था, तो एक आदमी मेरी तरफ़ देखकर चिल्लाने लगा। मैंने सोचा कि वह सुरक्षाकर्मी होगा और इस बात पर नाराज़ होगा, क्योंकि मैंने कनवेंशन हॉल के बाहर पर्चे बाँटकर नियम तोड़े थे, लेकिन मैंने निर्णय लिया कि वह जो भी कहेगा, मैं उससे निबट लूँगा। वह आदमी मेरे पास आया और उसने पूछा, "क्या आप वही हैं, जो आज सुबह पर्चे बाँट रहे थे?" मैंने कहा, "हाँ, मैं स्वीकार करता हूँ... वह मैं ही था!" उसने कहा, "अच्छी बात है! मैं दिन भर से आपको ही खोज रहा था! मैं सबसे बड़ी कॉलेज बुकिंग एजेंसी का मालिक हूँ और मैं सोचता हूँ कि आपने आज जो किया है, अगर आपमें उसी तरह धकेलने और काम करने की दिलेरी है, तो मैं सोचता हूँ कि आप हमारी एजेंसी के लिए सहायक होंगे।" वे कॉलेजों के लिए मेरे सबसे बड़े बुकिंग एजेंट बन गए! यह इसलिए हुआ, क्योंकि मैं धक्कामुक्की करने के लिए तैयार था।

अब्राहम लिंकन ने कहा था, "अच्छी चीज़ें उन लोगों के पास आती हैं, जो इंतज़ार करते हैं, लेकिन सिर्फ़ वही चीज़ें आती हैं, जो धक्कामुक्की करने वाले लोग छोड़ देते हैं।" मैं कहता हूँ, "अच्छी चीज़ें उन लोगों के पास आती हैं जो इंतज़ार करते हैं, लेकिन अगर आप महान बनना चाहते हैं, तो आपको धक्कामुक्की करनी पड़ती है!" प्रगतिशील व्यवसाय बनाने के लिए आपको धक्कामुक्की करनी पड़ती है! इसलिए व्यस्त हो जाएँ... और धक्कामुक्की करें!

आक्रामक बनें!

जब मैं हाई स्कूल में था, तो जब हमारी टीम पीछे होती थी और हम इसे उत्साहित करना चाहते थे, तो हम सभी एक नारा लगाते थे। चीयरलीडर्स इसका नेतृत्व करते थे और फिर हम सभी गला फाड़-फाड़कर चिल्लाते थे : आक्रामक बनो! आक्रामक बनो! आ-क्रा-म-क ब-नो! आक्रामक बनो! आक्रामक बनो! यह हल्ला तब तक चलता रहता था, जब तक कि हमारी टीम प्रतिक्रिया नहीं करती थी, ज़्यादा मेहनत से नहीं खेलती थी और खेल का रुख़ नहीं पलट देती थी। बास्केटबॉल में एक बचाव रणनीति होती है, जिसका इस्तेमाल अक्सर तब किया जाता है, जब कोई टीम पिछड़ रही होती है और खेल को पलटने की कोशिश कर रही होती है। इसे "फ़ुल कोर्ट प्रेस" या पूरे मैदान का दबाव कहा जाता है। इस रणनीति का इस्तेमाल तब किया जाता है, जब

रक्षण बेहद आक्रामक होता है और इसने निर्णय ले लिया होता है कि वे अब चीज़ों को होने नहीं देंगे, बल्कि उन्हें ख़ुद करेंगे। इसी तरह, अगर आप अपनी विपत्तियों को संपत्तियों में बदलने जा रहे हैं, तो आपको आक्रामक बनना होगा!

बिक्री और मार्केटिंग से प्रेम करना सीखें

अपनी विपत्तियों को संपत्तियों में बदलने के लिए अगला बिंदु यह है कि आप ज़्यादा से ज़्यादा लोगों को अपने बारे में जानकारी देने में अधिक सक्रिय हो जाएँ। अपना प्रचार करना और बेचना आपके लिए अत्यंत महत्त्वपूर्ण है। पुरानी कहावत है कि "जब तक कोई बिक्री नहीं होती, तब तक कुछ नहीं होता!" आपको दूसरों को अपने विचार बेचने का इच्छुक होना चाहिए। अपने प्रॉडक्ट्स और सेवाएँ बेचें तथा बाज़ार को विश्वास दिला दें कि आपके पास उनकी रुचि की कोई चीज़ है, जिससे उन्हें लाभ हो सकता है। मैं अपने स्टाफ़ को बताता हूँ कि यह अहसास रखना महत्त्वपूर्ण है कि लोगों के चारों ओर दर्द व मुश्किल है और हमारा काम उन्हें उस दर्द को राहत देने वाला समाधान बेचना है। जैसा मशहूर वक्ता जिम फ़ेल्डमैन ने मेरे सिरियस एक्सएम रेडियो शो में कहा था, "आपको किसी व्यक्ति के दर्द का पता लगाना चाहिए और फिर उसे एक एस्पिरिन बेचना चाहिए। आपको पहले आवश्यकता देखनी चाहिए और फिर उस आवश्यकता का एक समाधान पेश करना चाहिए। एक बार जब आपके पास उस आवश्यकता का समाधान होता है, तो फिर आप उनकी आवश्यकताओं को पूरा करने के लिए उनसे भुगतान ले सकते हैं!" बड़ी सफलता पाने के लिए आपको समाधान खोजने से प्रेम करना सीखना चाहिए और फिर जिन लोगों को उन समाधानों की ज़रूरत है, उन्हें वह समाधान बेचने से भी प्रेम करना सीखना चाहिए। बेचना अत्यंत महत्त्वपूर्ण है और विपत्तियों को संपत्तियों में बदलने की प्रक्रिया का एक अहम हिस्सा है!

एक वक्ता मित्र ने एक दिन फ़ोन किया और बातचीत के दौरान कहा, "जानते हो, मुझे भाषण देने से प्रेम है, लेकिन हाल-फ़िलहाल हमें बिक्री में समस्या आ रही है। मुझे बेचने से नफ़रत है!" जैसे ही उसने यह कहा, मैं समझ गया कि उसकी बिक्री संकट में क्यों थी। मैंने उससे कहा, "अगर आप जीवन में सफलता पाना चाहते हैं, तो आपको बेचना चाहिए। इसलिए आप इन शब्दों को आज के बाद कभी अपने मुँह से न निकलने दें। वास्तव में, आप इन शब्दों को कभी अपने मन में भी दाख़िल न होने दें!" सफलता पाने के लिए आपको अपने विचार, अपने प्रॉडक्ट्स या अपनी सेवाएँ बेचना सीखना चाहिए। उन्हें प्रभावी ढंग से बेचने के लिए आपको बिक्री से प्रेम करना सीखना होता है!"

मैंने अपने वक्ता मित्र को बताया कि बरसों पहले जब मैंने यात्रा करना और देश भर में बोलना शुरू किया था, तब मैंने एक मूल्यवान सबक़ सीखा था। मेरे नाम

को पहचाना जा रहा था और मुझे पूरे अमेरिका में व्याख्यान देने के आमंत्रण मिल रहे थे, इसलिए मैं हर दिन विमानों में चढ़-उतर रहा था। पहले तो यात्राएँ मज़ेदार लगीं, लेकिन एक साल बाद ख़ुमारी उतर गई और मैं कमोबेश उनसे डरने लगा।

लगभग उसी समय मेरी अपने वक्ता मित्र कीथ हैरेल से बातचीत हुई, जो *एटीट्यूड इज़ एवरीथिंग* के लेखक हैं और वे भी बहुत यात्राएँ कर रहे थे। मैंने कहा, "दोस्त, मुझे इस यात्रा से नफ़रत है!" वे बोले, "विली, आप दोबारा ये शब्द अपने मुँह से मत निकलने देना, क्योंकि आप जो भी बोलते हो, अंततः आपकी हक़ीक़त बन जाता है।"

फिर कीथ ने मुझसे एक दिल छूने वाला प्रश्न किया : "विली, आपको क्या करना सबसे ज़्यादा पसंद है?"

मैंने जवाब दिया, "मुझे व्याख्यान देने और लोगों को प्रेरित करने से प्रेम है।"

फिर उन्होंने कहा, "क्या आप सहमत हैं कि अपना प्रिय कार्य करने के लिए आपको कभी-कभार यात्रा करनी पड़ सकती है और शायद यही वह क़ीमत है, जो दरअसल आपको अपने प्रेम की ख़ातिर चुकानी पड़ रही है?"

मैंने स्वीकार किया, "हाँ, मुझे लगता है कि यह सच है।"

कीथ ने कहा, "तो फिर दोबारा कभी न कहें कि आपको यात्रा करने से नफ़रत है, क्योंकि यात्रा दरअसल सिर्फ़ एक क़ीमत है, जो आप अपना प्रिय काम करने के लिए चुकाते हैं!"

मैंने यह कहानी अपने मित्र को बताई, जिसने कहा था, "मुझे बेचने से नफ़रत है।" मैंने कहा कि उसे अलग तरह से सोचना होगा। मैंने उसे बताया कि कॉलेज में मैं तर्क की कक्षा में गया था और मैंने निगमनात्मक तर्क के बारे में सीखा था, जो इस तरह कहता है कि अगर सुकरात एक मनुष्य है और सभी मनुष्य नश्वर हैं, तो सुकरात नश्वर है। सोचने की इसी तर्ज़ पर, अगर वह व्याख्यान देने से प्रेम करता है (जैसा उसने मुझे बताया था), और अगर बेचने की बदौलत ही उसे ज़्यादा व्याख्यान देने का अवसर मिल सकता है, तो तर्क यह कहेगा कि उसे बेचने से प्रेम है!"

वह कुछ पल शांत रहने के बाद बोला, "जानते हैं, विली... आपकी बात सही है!" फिर उसने घोषणा की, "मुझे बेचने से प्रेम है! मुझे बेचने से प्रेम है! मुझे बेचने से प्रेम है!" उसकी बिक्री बेहतर होने लगी, क्योंकि उसकी सोच बेहतर बन गई थी और उसका नज़रिया भी बेहतर बन गया था। आगे चलकर उसने बहुत सफल व्यवसाय खड़ा किया और मिलियनों डॉलर के प्रॉडक्ट्स व सेवाएँ बेचीं।

मैं अपने श्रोताओं को एक बात यह बताता हूँ कि उन्हें टीटीपी करना चाहिए, यानी "लोगों से बात करना चाहिए!" जब मैंने बोलना शुरू किया था, तो मैंने पाँच फ़ुट का नियम बना लिया था : अगर कोई मेरे पाँच फ़ुट के दायरे में रहेगा, तो

मैं उससे बात ज़रूर करूँगा। मुझे वह समय याद है, जब मैं वॉशिंगटन, डी.सी. में सबवे में खड़ा था और अपने "भद्दे" पर्चे बाँट रहा था। मैंने "भद्दे" इसलिए कहा, क्योंकि पर्चे आकर्षक या पेशेवर नहीं थे; उस पल दूसरा कोई उपाय नहीं था और मैं इससे ज़्यादा अच्छा नहीं कर सकता था। इसलिए मैंने अपने पास मौजूद संसाधनों के साथ काम किया, क्योंकि यह अत्यंत महत्त्वपूर्ण था कि मैं अपने कारोबार को बढ़ाऊँ और मुझे यह काम तुरंत करना था।

मैं सबवे में खड़े होकर लोगों को भद्दे छोटे पर्चे बाँटता रहा। कुछ लोग पर्चे देखकर कूड़ेदान में डाल देते थे, लेकिन कुछ उन्हें पढ़ते भी थे। कुछ सप्ताह बाद मुझे एक शासकीय संस्था से फ़ोन आया और फ़ोन वाली महिला ने अपने संगठन में व्याख्यान देने के लिए मुझे आमंत्रित किया। मैंने उससे पूछा कि उसने मेरे बारे में कैसे सुना। उसने बताया कि उसकी टीम के एक व्यक्ति को सबवे में एक पर्चा मिला था और जब वे किसी वक्ता की तलाश कर रहे थे, तो उन्होंने मुझे आज़माने का निर्णय लिया। मुझे यक़ीन है कि आपको टीटीपी का संकल्प लेना चाहिए। लोगों को बताएँ कि आप कौन हैं और आप बाज़ार में मूल्य प्रदान करने के लिए क्या कर सकते हैं। एक बार जब आप टीटीपी (Talk To People) कर लें, तो मैं सलाह देता हूँ कि आप टीटीएमपी (Talk To More People) करें - और ज़्यादा लोगों से बातें करें!

बरसों तक मैंने एक मार्केटिंग तकनीक का इस्तेमाल किया है, जिसे मैंने अपने मार्गदर्शक जो चारबॉन्यू से सीखा था। वे वक्तृत्व कारोबार के शुरुआती सेल्स कोचों में से एक थे और उन्होंने एक बिक्री तकनीक सिखाई थी, जिसे 13, 13, 12 और 12 कहा जाता था। उन्होंने कहा कि अगर आप सोमवार को 13 सेल्स कॉल करते हैं और मंगलवार को 13 सेल्स कॉल करते हैं और उसके बाद बुधवार को 12 तथा गुरुवार को 12 कॉल करते हैं और फिर शुक्रवार को इन सभी लोगों से पत्राचार करते हैं, तो आप उस सप्ताह 50 नए बिक्री संपर्क बना लेते हैं। यह इतना आसान लगता है कि मैंने सोचा कि क्या यह पर्याप्त था, लेकिन जब मैंने सचमुच एक दिन में 13 लोगों से बात की, फिर अगले दिन 13 और से और फिर उसके बाद के दो दिनों में 12-12 लोगों से बात की, तो मेरा कारोबार आश्चर्यजनक तेज़ी से फैलने लगा। मुझे अहसास हुआ कि इसके पीछे सिर्फ़ यह तथ्य ही नहीं था कि मैं फ़ोन करके लोगों से बात कर रहा था, बल्कि यह भी था कि मैं एक योजना पर चल रहा था। कई लोग सिर्फ़ इसलिए मिलियनेअर बन गए हैं, क्योंकि वे सफलता की एक निश्चित योजना पर चले थे - जिस तरह कई लोग अपने दम पर वज़न कम नहीं कर पाते, लेकिन किसी ख़ास डाइट योजना की मदद से ऐसा करने में कामयाब हो जाते हैं। यही दौलत बनाने के बारे में सच है : एक कारगर बिक्री योजना खोजें और उस पर चलें!

मेरे एक और मित्र तथा मेरे सिरियस एक्सएम शो में अक्सर आने वाले अतिथि हैं लैरी विनगेट। लैरी विनगेट एक टेलीविज़न हस्ती हैं, जिन्हें हुंडई के विज्ञापनों में टीवी पर दिखाया गया है और वे एएंडई नेटवर्क पर बिग स्पेंडर नामक हिट शो के सितारे भी हैं। वे *न्यू यॉर्क टाइम्स* बेस्टसेलिंग लेखक और हॉल ऑफ़ फ़ेम वक्ता भी हैं। लैरी विनगेट उन पहले व्यक्तियों में से थे, जिनसे मैं अपना वक्तृत्व करियर शुरू करते समय मिला। हम तुरंत जुड़ गए, क्योंकि हम अपने ब्रांड और मार्केटिंग पर समान रूप से केंद्रित थे, जिसे हम आमदनी बढ़ाने का मुख्य साधन मानते थे। लैरी कहते हैं कि अगर आपका व्यवसाय समृद्ध नहीं हो रहा है, तो इसके पीछे दो और सिर्फ़ दो कारण हैं। पहला, आपका प्रॉडक्ट या सेवा पर्याप्त अच्छी नहीं है, इसलिए आपको अपने प्रॉडक्ट या सेवा को बेहतर बनाना जारी रखना चाहिए। दो, आप पर्याप्त लोगों से बात नहीं कर रहे हैं, जो आपका प्रॉडक्ट या सेवा ख़रीद सकते हैं। मैं लैरी की बात से सहमत हूँ कि आपको एक अच्छे प्रॉडक्ट की ज़रूरत है और फिर आपको प्रचार करने के संकल्प की ज़रूरत है। आपको बहुत से लोगों से बातचीत करनी चाहिए या फिर प्रौद्योगिकी का इस्तेमाल करना चाहिए, ताकि आप अपने व्यवसाय का संदेश बहुत से लोगों तक पहुँचा सकें। एक चीज़ पक्की है : अगर लोगों को यह पता ही नहीं होगा कि आप मौजूद हैं, तो वे आपसे नहीं ख़रीद सकते! इसलिए व्यस्त हो जाएँ और अपने कारोबार का प्रचार करें। इस तरह आप अपनी विपत्तियों को संपत्तियों में बदलने की राह पर होंगे।

असाधारण बनने के लिए आपको साधारण से अलग खड़े होना होगा!

अगर आप दौलतमंद बनने के बारे में गंभीर हैं, तो आपको भीड़ से अलग हटकर खड़े होना होगा, अपने प्रतिस्पर्धियों से ज़्यादा मेहनत करनी होगी और उनसे ज़्यादा आगे तक सोचना होगा। स्पष्ट बनने और अपना ब्रांड बनाने का संकल्प लें। बेस्टसेलिंग लेखक और वक्ता स्कॉट मैक्केन मेरे एक शो में अतिथि थे। उन्होंने कहा था कि आपको अपने प्रतिस्पर्धी से बस एक प्रतिशत बेहतर बनने की ज़रूरत है। बस अपने प्रतिस्पर्धी से थोड़ा सा ज़्यादा करने का संकल्प लें। थोड़ा ज़्यादा दें, थोड़ा आगे तक जाएँ और थोड़ी ज़्यादा कड़ी कोशिश करें। यह बात याद रखें, जो घोड़ा केंटकी डर्बी रेस को एक इंच से जीतता है, वह दूसरे स्थान पर आने वाले घोड़े से दस गुना ज़्यादा कमा लेता है। ख़ुद को अलग हटकर दिखाएँ... उठें, व्यस्त हो जाएँ और धक्कामुक्की करें।

जब मैं यूएस मैरीन्स के लिए ओकिनावा, जापान में बोल रहा था, तो नौसैनिकों का एक समूह एक शाम मुझे डिनर पर ले गया और मैंने बहुत से चमकते नियॉन

साइन देखे। मैंने पूछा कि उजले साइन किन जगहों के हैं। मुझे बताया गया कि वे कैसिनो थे और उजली रोशनियाँ ग्राहकों को आकर्षित करने के लिए थीं। मेरे मेज़बान ने कहा, "आप जानते हैं, उजली नियॉन रोशनियाँ ग्राहकों को उसी तरह आकर्षित करती हैं, जिस तरह लालटेनें कीड़ों को आकर्षित करती हैं!"

अगले कुछ दिनों तक मैंने ग़ौर किया कि कैसिनोज़ में न सिर्फ़ उजली रोशनियाँ थीं, बल्कि टापू पर चारों ओर उनके बहुत सारे साइन और विज्ञापन भी लगे थे। मुझे बताया गया कि विज्ञापन देना शुरू करने के बाद इन व्यवसायों ने तीव्र तरक्की की। मुझे अहसास हुआ कि इस बात में एक सबक़ था... कि जो कारोबार सबसे तेज़ी से बढ़ते हैं, वे वही होते हैं, जिन्होंने अलग खड़े होने की शक्ति को समझ लिया है!

"असाधारण व्यवसाय" बनाने के लिए आपको भीड़ से "अलग हटकर खड़े होने" की ज़रूरत है। चाहे उजली रोशनियों वाला कैसिनो हो या अख़बार में बड़ा विज्ञापन देने वाली छोटी कंपनी, सबसे तेज़ी से वही व्यवसाय बढ़ते हैं, जो अपने संगठन का प्रचार करने की शक्ति को समझ लेते हैं! मैंने पाया है कि यहाँ यह सामान्य सत्य लागू होता है : आपके कारोबार को बढ़ाना तब मुश्किल होता है, जब किसी को यह मालूम ही न हो कि आप कारोबार में हैं।

अगर लोग यही न जानते हों कि आप कारोबार में हैं, तो वे फ़ोन नहीं कर सकते और आपके साथ कारोबार नहीं कर सकते। कई लोग अपने व्यवसाय को फैलाने के लिए कड़ी मेहनत कर रहे हैं, लेकिन वे एक मूल्यवान औज़ार का लाभ नहीं ले रहे हैं - विज्ञापन। टेड टर्नर ने अपनी कारोबारी सफलता के रहस्य के बारे में बहुत ख़ूब कहा था, "जल्दी सो जाओ और जल्दी उठो... बावलों की तरह मेहनत करो और विज्ञापन करो!" मित्रों, मेरी यही सलाह है कि आप अपने कारोबार की तरक्की के लिए विज्ञापन नामक शक्तिशाली औज़ार का लाभ लेने का संकल्प लें! पुरानी कहावत सच है : बिना साइनबोर्ड वाले कारोबार में अक्सर व्यवसाय का कोई संकेत ही नहीं होता है! लोगों को यह बताने में शर्म महसूस न करें कि आप व्यवसाय कर रहे हैं।

जोखिमों और पुरस्कारों का विरोधाभास

ऐसा क्यों होता है कि ज़्यादातर लोग अपनी क्षमता को अधिकतम नहीं करते हैं? जवाब है डर! डर ही वह सबसे प्रमुख कारण है, जिसकी वजह से लोग अपने विचारों और सपनों पर काम नहीं करते हैं। डर लोगों को बीच राह में रोक देता है। यह उन्हें कोशिश करने से रोक देता है। हमें अपने डरों से आगे निकलना चाहिए, वरना वे निश्चित रूप से हमें पछाड़ देंगे।

अगर आप अपनी विपत्तियों को संपत्तियों में बदलने जा रहे हैं, तो आपको

जोखिम लेना पड़ेगा। चुनौती यह है, आप कौन सा जोखिम लेने जा रहे हैं? अगर आप अपनी विपत्तियों को संपत्तियों में बदलना चाहते हैं, तो आपको अपना आर्थिक इंजन चालू कर देना चाहिए।

मेरे पास कुछ विचार हैं, जो जोखिम के प्रबंधन में आपकी मदद कर सकते हैं। कुछ साल पहले मुझे नॉर्थ कैरोलिना की हाई पॉइंट युनिवर्सिटी में बोलने के लिए आमंत्रित किया गया, जहाँ मेरे मित्र नीडो क्यूबीन प्रेसिडेंट हैं। नीडो हाई पॉइंट युनिवर्सिटी के प्रेसिडेंट ही नहीं, बल्कि अमेरिका के अग्रणी व्यावसायिक विकास विशेषज्ञ भी हैं। वे पुरस्कार विजेता वक्ता, बेस्टसेलिंग लेखक और माहिर व्यवसायी हैं। अगर आप नीडो से परिचित न हों, तो मैं सलाह देता हूँ कि आप उनकी वेबसाइट www.nidoqubein.com पर जाएँ। नीडो से बात करते समय मैंने उनकी अद्भुत सफलता का रहस्य सीखा।

उन्होंने कहा, “विली भाई, कुंजी यह समझना है कि सफलता अच्छे निर्णय लेने का परिणाम होती है और निर्णय में हमेशा जोखिम शामिल होता है। इसलिए आपको अच्छे नपे-तुले जोखिम लेना सीखना चाहिए।” फिर उन्होंने मुझे अपना जोखिम प्रबंधन फ़ॉर्मूला बताया, जो मैं आपको भी बताना चाहता हूँ, क्योंकि यह बेशक़ीमती है।

नीडो ने कहा कि महत्त्वपूर्ण निर्णय लेने से पहले आपको ख़ुद से चार प्रश्न पूछने चाहिए :

1. अगर मैं यह निर्णय लेता हूँ, तो सर्वश्रेष्ठ क्या हो सकता है?
2. अगर मैं यह निर्णय लेता हूँ, तो सबसे बुरा क्या हो सकता है?
3. अगर मैं यह निर्णय लेता हूँ, तो किस चीज़ के होने की सबसे ज़्यादा संभावना है?
4. क्या मैं सर्वश्रेष्ठ को पाने के लिए सबसे बुरे के साथ जीने को तैयार हूँ?

जब आप इन चार प्रश्नों के जवाब दे देते हैं, तो आपको एक बहुत स्पष्ट जवाब मिल जाएगा कि आपको कैसे आगे बढ़ना चाहिए। अगर इन प्रश्नों का जवाब सकारात्मक है, तो यह एक अच्छा अनुमानित जोखिम है और आपको इस दिशा में आगे बढ़ जाना चाहिए। अगर जवाब नकारात्मक है, तो आपको बिना अफ़सोस किए दूर चल देना चाहिए।

प्रश्न पढ़ते वक़्त मुझे अहसास हुआ कि मुश्किल चयन करते समय ये सचमुच निर्णायक प्रश्न हैं। 15 साल पहले मैंने अपनी नौकरी छोड़ने और वक्तृत्व व्यवसाय शुरू करने का निर्णय लिया था। तब हालाँकि मुझे इन चार प्रश्नों का ज्ञान नहीं था, लेकिन मैं मन ही मन इसी प्रक्रिया से गुज़रा था।

मैं एक ऐसी नौकरी कर रहा था, जो मुझसे सहन नहीं हो रही थी (और इससे पता चलता है कि मैं बहुमत का हिस्सा था : कुछ अध्ययन बताते हैं कि 87 प्रतिशत लोग उठकर ऐसी नौकरियों पर जाते हैं, जिन्हें वे सचमुच पसंद नहीं करते हैं)। मुझे यह निर्णय लेना था कि मैं उस नौकरी में बने रहकर सुरक्षा हासिल करूँ या फिर मैं उस नौकरी को छोड़कर अपने सपनों का जीवन जियूँ। मैंने इस बारे में सोचा कि अगर मैं नौकरी छोड़ दूँ, तो सबसे अच्छा क्या हो सकता था। मुझे अहसास हुआ कि मेरा सपना लोगों के जीवन में फ़र्क़ लाना और इस प्रक्रिया में थोड़ी आर्थिक सफलता हासिल करना तथा संसार की यात्रा करना था। फिर जब मैंने परिणामों के बारे में सोचा, तो मुझे अहसास हुआ कि सबसे बुरा यह हो सकता था कि मैं असफल हो जाऊँ और संभवतः अपना घर गँवा दूँ। बताना चाहूँगा कि हालाँकि अपना घर गँवाना काफ़ी बुरा परिणाम था, लेकिन मुझे तसल्ली थी कि मैं कम से कम जीवित तो रहूँगा। मुझे यक़ीन था कि अगर मैं जीवित रहूँगा, तो मैं वापसी कर सकता हूँ! मुझे अहसास हुआ कि मुझे संघर्ष करना होगा और राह आसान नहीं होगी। मुझे शायद पहले से ज़्यादा कड़ी मेहनत करनी होगी, जितनी मैंने पहले कभी नहीं की थी। लेकिन जब मैंने परिदृश्य को देखा, तो यह एक आसान मानसिकता में सारभूत हुआ : मैं अपनी मनपसंद और प्रिय चीज़ में असफल होने का इच्छुक था, बजाय उस चीज़ में सफल होने के, जिससे मैं नफ़रत करता था।

वह निर्णय लेने के बाद 20 साल आ चुके हैं और जा चुके हैं और मुझे बहुत ख़ुशी है कि मैंने वह मुश्किल निर्णय लिया। मैं आपको इस फ़ॉर्मूले के इस्तेमाल के लिए प्रोत्साहित करता हूँ, ताकि आप अपने सपनों का जीवन जी सकें और ज़्यादा बड़ी निजी तथा पेशेवर सफलता हासिल कर सकें। बस कोशिश करके देखें... इससे आपकी ज़िंदगी बदल सकती है!

अपनी आर्थिक स्थिति के बारे में सकारात्मक बातें करें

मेरा मानना है कि आपको अपनी ज़िंदगी और परिस्थितियों के बारे में सकारात्मक अंदाज़ में बोलना चाहिए, भले ही परिस्थितियाँ अच्छी न हों। मैं लोगों से हमेशा कहता हूँ कि वे अपनी भाषा पर ध्यान दें, क्योंकि आपकी भाषा का आपकी मानसिकता पर असर पड़ता है और इस पर भी कि जीवन आपकी स्थिति पर कैसे प्रतिक्रिया करेगा। मिसाल के तौर पर, यह कभी न कहें, "मैं ग़रीब हूँ।" इसके बजाय यह कहें, "मैं दौलतमंद हूँ; मेरे पास कभी-कभार पैसे संबंधी कुछ चुनौतियाँ रहती हैं, लेकिन वे हमेशा अल्पकालीन रहती हैं!" याद रखें, आप जो भी बोलते हैं, उसे ही आकर्षित करते हैं, इसलिए सकारात्मक अंदाज़ में बोलेंगे, तो आपके जीवन में अच्छी चीज़ें आने लगेंगी! मुझे ऑस्ट्रेलिया जाना बहुत अच्छा लगता है और वहाँ की जिस

चीज़ से मैं सबसे ज़्यादा प्रेम करता हूँ, वह मेरे ऑस्ट्रेलियाई मित्रों का यह कथन है, "आपका भला हो, मित्र!" कितना बेहतरीन अभिवादन है। मैंने अपने मित्रों से, साथ ही ख़ुद से और अपनी आर्थिक स्थिति से "आपका भला हो" कहना सीख लिया है। अच्छी चीज़ें बोलकर अपनी ज़िंदगी और आर्थिक स्थिति में अच्छी चीज़ें ले आएँ।

सफलता उन लोगों को मिलती है, जो अपनी सोच बदलने और जीवन को टुकड़ों के बजाय संपूर्णता में देखने के इच्छुक रहते हैं। नकारात्मक दृष्टिकोण से जीवन को देखना छोड़ने और सकारात्मक दृष्टिकोण से जीवन को देखने के लिए आपको सोचने के नए तरीक़े पर काम करना चाहिए। यह परिवर्तन करना आसान नहीं होता, लेकिन अगर आप अपनी सोच का विकास करने; ख़ुद का विकास करने और कर्म करने के इच्छुक रहते हैं, तो आप एक अलग स्तर पर जीवन जीना शुरू कर सकते हैं। आपको यह विकल्प चुन लेना चाहिए। आपके साथ जो होता है, उसे आप हमेशा नहीं चुन सकते, लेकिन आपके अंदर क्या होता है, उसे आप हमेशा चुन सकते हैं! आप उन परिस्थितियों को नहीं बदल सकते, जो ज़िंदगी आपकी ओर फेंकती है, लेकिन आप यह ज़रूर चुन सकते हैं कि आप परिस्थितियों पर कैसी प्रतिक्रिया करते हैं। मेरे मित्र टिम स्टोरी शक्तिशाली ईसाई मत प्रचारक और प्रेरक वक्ता हैं। वे कहते हैं, "चुनौती जीवन का हिस्सा है। आपके चयन आम तौर पर आपकी चुनौतियाँ नहीं बनाते हैं, लेकिन आपके चयन आम तौर पर आपको चुनौतियों से बाहर निकाल सकते हैं!"

कई लोग कहते हैं कि उन्होंने कोई काम इसलिए किया, क्योंकि उनके पास "कोई विकल्प नहीं" था। वे कह सकते हैं, "मैंने अपने सपने या अपने लक्ष्य इसलिए छोड़ दिए, क्योंकि मेरे पास कोई दूसरा विकल्प नहीं था।" मैं मानता हूँ कि शायद उनके पास कोई *सुखद* विकल्प न रहा हो, लेकिन विकल्प हमेशा रहता है। क्या यह आसान होगा? नहीं! लेकिन क्या यह करने लायक़ है? जवाब है ज़ोरदार हाँ! बस आगे बढ़ते रहें, विकास करते रहे, यक़ीन करते रहें और आप भी वही पाएँगे, जो मैंने पाया है कि सर्वश्रेष्ठ का आना अभी बाक़ी है! मुश्किल दौर में भी आप अपनी विपत्तियों को संपत्तियों में बदल सकते हैं।

आप हाँ क्यों नहीं कहते?

मैं कहता हूँ कि हमें अपने डरों से उबरना चाहिए और जीवन तथा सफलता को हाँ कहना सीखना चाहिए! अपने सपनों को *हाँ* कहें और उस जीवन को *हाँ* कहें, जिसे हम हमेशा जीना चाहते हैं। हमारे चारों तरफ़ मौजूद संभावनाओं और अवसरों को हाँ कहें। आप पूछ सकते हैं, "कौन सी संभावनाएँ?" मैं कहता हूँ कि संभावनाएँ आपके चारों ओर हैं और अगर आप सिर्फ़ ना कहना छोड़ दें, तो आप देखने

लगेंगे कि संभावनाएँ हर जगह हैं - ख़ास तौर पर अमेरिका में। यह संभावनाओं का देश है; मंदी के दौर में भी यहाँ अवसर रहते हैं। क्या आपने ग़ौर किया है कि लोग अब भी अमेरिका आकर रहने की कोशिश कर रहे हैं? क्या आपने कभी ग़ौर किया है कि जो लोग दूसरे देशों से अमेरिका आते हैं, वे यहाँ आकर अच्छा प्रदर्शन करते हैं? वास्तव में, अध्ययन दर्शाते हैं कि दूसरे देशों से आने वाले लोग अमेरिका में पैदा हुए लोगों से पाँच गुना ज़्यादा तेज़ी से मिलियनेअर बनते हैं। क्यों? क्योंकि वे शायद किसी ऐसे देश से आए हैं, जहाँ औसत वेतन 10 डॉलर प्रति दिन है, जबकि अमेरिका में वे 10 डॉलर प्रति घंटा कमा सकते हैं। वे एक अलग दृष्टिकोण और एक अलग मानसिकता लेकर आते हैं और वे अमेरिका आकर सफलता को हाँ कह देते हैं। वे ऐसी जगहों पर पैसा देख लेते हैं, जिन्हें अमेरिका में पैदा हुए लोग नज़रअंदाज़ कर देते हैं।

हाल ही में मित्र पीटर टैबिबियन से मेरी बातचीत हुई, जो ज़ेड-बर्गर नामक नई हैमबर्गर चेन के मालिक हैं। मैं पीटर से एक 7-इलेवन स्टोर में मिला, जहाँ मैं अक्सर कॉफ़ी पीता हूँ। उन्होंने मुझे टेलीविज़न पर देखा था और हम उनके जीवन तथा व्यवसाय पर बात करने लगे। उन्होंने कहा कि वे युवावस्था में अमेरिका आए थे और वे हमेशा इस देश से चमत्कृत रहे हैं। उन्हें महसूस होता है कि अमेरिका संसार का सबसे महान देश है, उन अवसरों के कारण जो यह प्रदान करता है। मैंने उनसे पूछा कि अर्थव्यवस्था का उनके व्यवसाय पर क्या असर हो रहा था। उन्होंने कहा कि व्यवसाय में तरक्की के डंके बज रहे थे। उन्होंने कहा कि यह पहले से ज़्यादा मुश्किल था, लेकिन उतना मुश्किल क़तई नहीं था, जितना तब था, जब वे अपने मूल देश में बड़े हो रहे थे। उन्होंने कहा कि मुश्किल समय में भी अमेरिका व्यवसाय करने के लिए बेहतरीन स्थान है और यह समय बेहतरीन समय है। कुछ सप्ताह पहले मैं यात्रा से लौटा और शाम के समाचार में मुझे पीटर पूर्व राष्ट्रपति बिल क्लिंटन के साथ दिखे, जो हैमबर्गर लेने उनके रेस्तराँ में गए थे। मैं आपको प्रोत्साहित करता हूँ कि आप जीवन और अपने सपनों के प्रति हाँ का नज़रिया रखें। उन लोगों के लिए संभावनाएँ चारों ओर हैं, जो अपनी आँखें और अपने दिमाग़ को खुला रखते हैं।

यह धर्मगुरु एलिशा और उनके दास गेहाज़ी संबंधी बाइबल कहानी जैसी बात है। धर्मगुरु एलिशा शत्रु के पैंतरों की भविष्यवाणी करते रहे और इज़राइल की सेना के सेनापतियों को जानकारी देते रहे, जिससे वे शत्रुओं के जाल से बचते रहे। शत्रु अपनी योजनाएँ चौपट होते देखकर सेनापति इतने विचलित हो गए कि उन्होंने पूछा कि उनकी सेना में गद्दार कौन था। उन्हें बताया गया कि उनकी सेना में कोई गद्दार नहीं था, बल्कि धर्मगुरु एलिशा इज़राइल की सेना को बता रहे थे कि क्या हो रहा था। सेनापतियों ने उस जगह पर सैनिक भेजे, जहाँ एलिशा रहते थे। जब उनका

दास गेहाज़ी जागा, तो वह यह पाकर दंग रह गया कि शत्रु सैनिकों ने उन्हें घेर लिया था। गेहाज़ी एलिशा को जगाने के लिए दौड़ा और उनसे पूछा, "मेरे मालिक, अब हम क्या करें?"

एलिशा ने उससे कहा, "चिंता मत करो! जो हमारे साथ हैं, वे उन लोगों से ज़्यादा बड़े हैं, जो उनके साथ हैं!" मैं इस वक़्त गेहाज़ी को देख सकता हूँ, जो शत्रु सैनिकों की भारी तादाद को देख रहा है और फिर अपनी अँगुलियों पर गिन रहा है : एक, दो... बस दो ही लोग शत्रु के ख़िलाफ़ थे। लेकिन एलिशा ने प्रार्थना की और सर्वशक्तिमान से कहा कि वे गेहाज़ी की आँखें खोल दें। जब उसकी आँखें खुलीं, तो गेहाज़ी को दिखा कि सर्वशक्तिमान के भेजे अश्वों और अग्नि रथों से पहाड़ भरे थे!

मेरी गुज़ारिश है कि आप सफलता को हाँ कहें और संभावनाओं को हाँ कहें और आपकी आँखें आपके आस-पास के सारे अविश्वसनीय अवसरों के प्रति खुल जाएँ। अपनी आँखें खोलें और फिर लक्ष्यों तथा सपनों की दिशा में आगे बढ़ें और उन्हें हक़ीक़त में बदल दें।

क्या आप अब भी अपने जहाज के आने का इंतज़ार कर रहे हैं?

कई लोग कहते हैं कि वे अपने जहाज़ के लौटकर आने का इंतज़ार कर रहे हैं। वे धैर्यपूर्वक बैठे रहते हैं और अपने अवसर का इंतज़ार करते रहते हैं। मुझे नाइटक्लब गायन के अपने दिन याद हैं (*अमेरिकन आइडॉल* के दिनों के पहले), जब मैं हमेशा अपने "बड़े अवसर" का इंतज़ार करता था कि कोई न कोई मुझे खोज लेगा। (तब मुझे यह अहसास नहीं था कि नाइटक्लब में ज़्यादातर लोग इतने नशे में रहते थे कि सामने वाले दरवाज़े तक का रास्ता नहीं खोज पाते थे)। लोग हमेशा मुझसे कहते रहते थे, "बस गाते रहो, पूरी मेहनत से गाओ, और एक न एक दिन कोई तुम्हें मौक़ा ज़रूर देगा!" मैं अपने अवसर का इंतज़ार करता रहा, लेकिन यह कभी नहीं आया। फिर मैंने अवसर का इंतज़ार करना छोड़ दिया और अपने अवसर ख़ुद बनाने लगा। मैंने सीखा कि सफलता एक विकल्प है, जिसे आपको घटित कराना होगा; यह कोई संयोग नहीं है, जिसका आप बैठकर इंतज़ार करें। मुझे पुरानी चीनी सूक्ति बहुत पसंद है, जो कहती है, "जो इंसान भुनी बतख के अपने मुँह में उड़कर आने का इंतज़ार करता है, वह बहुत लंबे समय तक इंतज़ार करता है!"

मैंने सीखा कि अपने भविष्य का विकास करने का सबसे अच्छा तरीक़ा पहले ख़ुद का विकास करना है। मैंने स्व-विकास की योजना शुरू की और मैंने निर्णय लिया कि अब मैं अपने अवसरों का इंतज़ार नहीं करूँगा। मैं अपने अवसर ख़ुद बनाऊँगा। मेरे पास एक विकल्प था : मैं अपने जहाज़ के लौटने का इंतज़ार कर सकता था या फिर मैं तैरकर उस तक जा सकता था। मैंने तैरने का निर्णय लिया

और मुझे ख़ुशी है कि मैंने ऐसा किया, क्योंकि मेरे कुछ मित्र तो आज तक घाट पर खड़े-खड़े इंतज़ार कर रहे हैं। सफलता कोई ऐसी चीज़ नहीं है, जिसका इंतज़ार किया जाए; इसे तो हासिल करना होता है! अपनी सफलता के बारे में प्रोएक्टिव होने का संकल्प लें। आज ही अपने सपनों और लक्ष्यों पर मेहनत करने का संकल्प लें। यह संकल्प लें कि आप हर दिन कुछ सकारात्मक और प्रेरक सामग्री पढ़ेंगे तथा सुनेंगे। (अगर आपके पास मेरी नई *मनी मेकिंग म्यूज़िक एंड मिनट्स* सीडी की प्रति नहीं है, तो मैं काफ़ी अनुशंसा करता हूँ कि आप एक प्रति हासिल कर लें, क्योंकि यह कारगर है!) आज ही शुरू कर दें!

मैं आपको दौलत बढ़ाने का एक और रहस्य बताना चाहता हूँ। सौदेबाज़ी करने की शक्ति को पहचानें। जब आप सौदेबाज़ी में बेहतर बनते हैं, तो आप अपने मुनाफ़े को बेहतर बना सकते हैं, क्योंकि अंततः यह हमेशा इतना महत्त्वपूर्ण नहीं होता कि आप कितना कमाते हैं; महत्त्वपूर्ण तो यह होता है कि आप कितना रख पाते हैं। *ब्लैक बेल्ट नेगोशिएटिंग* के लेखक माइकल सून ली मेरे रेडियो शो में अतिथि थे और उन्होंने आपकी नेट वर्थ को बेहतर बनाने के लिए एक शक्तिशाली रणनीति बताई थी : बेहतर सौदेबाज़ी करना सीखें, ताकि आप अपनी आमदनी का ज़्यादा हिस्सा रख सकें। ली कहते हैं कि अमेरिका के लोग कार और मकान के अलावा किसी चीज़ में भाव-ताव या सौदेबाज़ी नहीं करते, लेकिन कई दूसरे देशों के लोग हर चीज़ में सौदेबाज़ी करते हैं। वे कहते हैं कि अगर परिस्थितियाँ सही हैं, तो हर चीज़ पर सौदेबाज़ी संभव है। या तो आपको बेहतर भाव मिल सकता है या फिर आपको अपने पैसे के बदले में ज़्यादा मिल सकता है। अपनी पुस्तक में माइकल अपने मुनाफ़े को बेहतर बनाने के लिए सौदेबाज़ी या भाव-ताव की शक्ति पर कुछ बेहतरीन सलाहें देते हैं। सबसे पहले तो डिस्काउंट माँगने के डर और संकोच से उबरें। अगर आप डिस्काउंट नहीं माँगते हैं, तो जवाब हमेशा "नहीं!" होता है। दूसरे, सौदेबाज़ी को सामने वाले व्यक्ति के दृष्टिकोण से देखें। यदि संभव हो, तो यह देखने में उसकी मदद करें कि आपके साथ सौदा करने से उसका कारोबार कैसे बढ़ सकता है। तीसरे, सामने वाले पर पूरा होमवर्क करें। चौथे, एक बार जब आप सौदेबाज़ी करने का मन बना लें, तो सिर्फ़ कम भाव की ही तलाश न करें, बल्कि दूसरे विकल्पों पर भी ग़ौर करें, जैसे कोई दूसरी चीज़ साथ में मुफ़्त मिलना या बेहतर भुगतान शर्तें मिलना। शायद आप ज़्यादा लंबे समय में भुगतान कर सकते हैं और इसे कम (या शून्य) ब्याज दर पर पा सकते हैं। आप जो भी सिक्का बचाते हैं, वह आपके मुनाफ़े को बढ़ाता है। कुछ लोगों को महसूस होता है कि डिस्काउंट माँगना झंझट का काम है, लेकिन अगर आप कुछ डॉलर यहाँ बचाते हैं और कुछ डॉलर वहाँ बचाते हैं, तो एक साल बाद आपकी जेब में बहुत से डॉलर हो सकते हैं! आज ही से शुरू कर दें!

6

सृजनात्मक बनें

विपत्तियों को संपत्तियों में बदलने के लिए अगला क़दम यह है कि आप सृजनात्मक बन जाएँ! यह इस बारे में है कि आप नए विचार सोचें और फिर उन पर काम करें। मैं यह सुनिश्चित करना चाहता हूँ कि आप उन निर्णायक शब्दों को न चूक जाएँ, जिनका इस्तेमाल मैंने पिछले वाक्य में किया था : *सोचें* और *काम* करें। अपनी स्थिति को उलटने के लिए आपको सोचना चाहिए और फिर काम करना चाहिए। सृजनात्मक बनने के लिए विचारशील कर्म के संकल्प की ज़रूरत होती है। आपको नए विचारों और नए दृष्टिकोणों के बारे में सोचने की ज़रूरत होती है। इसके बाद आपको उन विचारों को हक़ीक़त में बदलने के लिए एक योजना बनाने की ज़रूरत होती है।

मैंने यह कहावत वर्षों से सुन रखी है कि जब आपको ज़्यादा पैसों की ज़रूरत होती है, तो यह समस्या दरअसल पैसे की नहीं, बल्कि विचार की है। अपनी विपत्तियों को संपत्तियों में बदलने में आपको ज़्यादा सृजनात्मक बनने की दिशा में काम करना चाहिए।

सृजनात्मक पॉलिश करने वाला

अपनी पुस्तक *इट ओनली टेक्स अ मिनट टु चेंज युअर लाइफ़!* में मैंने एक कहानी बताई है, जो सृजनात्मक बनने की शक्ति बताती है। एक छोटे ग्रामीण कस्बे में जूते पॉलिश करने वाला एक व्यक्ति था, जो अपने काम में बहुत कुशल था। वह अपना कारोबार फैलाना चाहता था, इसलिए उसने न्यू यॉर्क सिटी जाकर वहाँ दुकान लगाने का फ़ैसला किया। उसके छोटे कस्बे के लोग बोले कि वह न्यू यॉर्क सिटी में कभी कामयाब नहीं हो पाएगा, लेकिन उसे ख़ुद पर विश्वास था और उसने अपने कारोबार के विस्तार के लिए कस्बा छोड़ दिया। न्यू यॉर्क पहुँचने पर उसे अहसास हुआ कि वहाँ गलाकाट प्रतिस्पर्धा थी; हर नुक्कड़ पर जूते पॉलिश के स्टैंड थे, लेकिन उसने हिम्मत नहीं हारी। उसने अपना स्टैंड लगा लिया और अपना कारोबार बढ़ाने की

तलाश करने लगा, लेकिन यह मंदा था, क्योंकि प्रतिस्पर्धा बहुत ज़्यादा थी।

एक दिन एक व्यस्त एक्ज़ीक्यूटिव अपने ऑफ़िस से निकला, जो पॉलिश करने वाले युवक के स्टैंड से कुछ दूर था। जब व्यस्त एक्ज़ीक्यूटिव युवा पॉलिश करने वाले की दिशा में आने लगा, तो एक और पॉलिश वाले ने कहा, "मैं आपके जूते चमका देता हूँ; मुझे मेरा किराया निकालना है!" एक्ज़ीक्यूटिव ने कहा, "नहीं धन्यवाद!"

एक्ज़ीक्यूटिव जब थोड़ा आगे आया, तो पॉलिश करने वाला एक और व्यक्ति बोला, "सुनिए, मैं आपके जूते पॉलिश कर देता हूँ - मुझे काम की ज़रूरत है!" एक बार फिर, एक्ज़ीक्यूटिव ने जवाब दिया, "नहीं धन्यवाद!" वह तीसरे पॉलिश करने वाले के पास से निकला, फिर चौथे, फिर पाँचवें और छठे के क़रीब से गुज़रा, जिसके बाद वह हमारे युवा पॉलिश करने वाले के स्टैंड के पास आया। क़रीब पहुँचकर उसने सुना कि वह पॉलिश वाला युवक गिनती गिन रहा था : "... 97, 98, 99, 100।" युवा पॉलिश करने वाला व्यस्त एक्ज़ीक्यूटिव के पास आया और बोला, "माफ़ करें सर, आप मेरे स्टैंड के पास से गुज़रने वाले सौवें व्यक्ति हैं। आज मेरा जन्मदिन है और मैं इस दिन का जश्न मनाने के लिए इतना कृतज्ञ हूँ कि मैंने यह योजना बनाई है कि अपने स्टैंड के पास से गुज़रने वाले सौवें व्यक्ति के जूतों की पॉलिश मुफ़्त करूँगा। कृपया मुझे अपने जूते चमकाने का अवसर दे, ताकि मैं एक और जन्मदिन पाने के लिए अपनी कृतज्ञता दिखाऊँ!"

व्यस्त एक्ज़ीक्यूटिव आश्चर्यचकित रह गया और बोला, "वाह। यह बेहतरीन है! मुझे तुम्हारा प्रस्ताव मंजूर है!" उसने पॉलिश स्टैंड पर पैर रख दिया और युवक उसके जूते चमकाने लगा। काम पूरा होने पर व्यस्त एक्ज़ीक्यूटिव ने अपने जूते देखे; वे एकदम नए लग रहे थे। उसने कहा, "यह सबसे अच्छी पॉलिश है, जो मैंने आज तक देखी है! मुझे अपने बिज़नेस कार्ड दे दें; मैं अपने सभी दोस्तों को यहीं से जूते पॉलिश कराने की सलाह दूँगा!"

युवक ने उसे कार्डों का ढेर थमाया और इस बात के लिए धन्यवाद दिया कि उसने उसे अपने जूते चमकाने का अवसर दिया। जब व्यस्त एक्ज़ीक्यूटिव अपनी मीटिंग के लिए जाने लगा, तो वह मुड़ा और बोला, "सुनो, आज तुम्हारा जन्मदिन है। वैसे तुम पॉलिश करने का कितना लेते हो?"

युवक ने जवाब दिया, "पाँच डॉलर, सर!"

व्यस्त एक्जीक्यूटिव ने अपनी जेब में हाथ डालकर 50 डॉलर का नोट बाहर निकाला और पॉलिश करने वाले युवक को देते हुए कहा, "जन्मदिन मुबारक़ हो!" युवक की ख़ुशी का ठिकाना नहीं था! उसने आसमान की ओर देखा, फिर 50 डॉलर के नोट को देखा, फिर आसमान को देखा और बोला, "...97, 98, 99..."

यहाँ सबक़ यह है कि आपको सृजनात्मक होना चाहिए!

अपनी विपत्तियों को संपत्तियों में बदलने के लिए यह अत्यंत महत्त्वपूर्ण है कि आप सोचने का समय लें। सृजनात्मक विचार के लिए समय निकालने को अपनी दिनचर्या का सुनियोजित हिस्सा बना लें। मैं सलाह देता हूँ कि आप हर दिन पैड-पेंसिल लेकर बैठ जाएँ या अपने कंप्यूटर पर बैठ जाएँ और यह सवाल पूछकर अपना विचार-विमर्श सत्र शुरू करें, "आज मैं अपनी आमदनी कैसे बढ़ा सकता हूँ?" ध्यान रहे, यह ज़रूर सुनिश्चित करें कि आप उस प्रश्न में "कैसे" शब्द रखें। सिर्फ़ यही न पूछें, "क्या मैं आज अपनी आमदनी बढ़ा सकता हूँ?" अगर आप यह सवाल पूछते हैं, तो आप पहले ही शुरुआती रेखा के पीछे हैं। मीडिया की निराशा और हताशा से परेशान न हों। इस तरह की नकारात्मक ख़बरों से परेशान न हों कि अर्थव्यवस्था कितनी ख़राब है, कितनी सारी कंपनियाँ असफल हो रही हैं और लोग रिकॉर्डतोड़ संख्या में अपनी नौकरियाँ कैसे खो रहे हैं। "क्या" वाले दूसरे प्रश्न को न पूछें, न ही मन में लाएँ; इसके बजाय पहले प्रश्न पर अपना मन और ध्यान केंद्रित करें : "मैं आज अपनी आमदनी कैसे बढ़ा सकता हूँ?" अगर आप कैसे वाले प्रश्न पर ध्यान केंद्रित करेंगे, तो आप अपने दिमाग़ से उत्पन्न होने वाले विचारों को देखकर आश्चर्यचकित रह जाएँगे।

अर्ल नाइटिंगेल ने *थिंक एंड ग्रो रिच* पर आधारित एक रिकॉर्डिंग की, जिसे *द स्ट्रेंजेस्ट सीक्रेट* कहा गया और यह सारे समय की सर्वश्रेष्ठ सेल्फ़-हेल्प रिकॉर्डिंगों में से एक बन गई। इसे 1950 के दशक में रिकॉर्ड किया गया था, लेकिन यह आज भी सेल्फ़-हेल्प उद्योग में शीर्ष बिक्री करने वाला रिकॉर्ड है। इस रिकॉर्डिंग में अर्ल नाइटिंगेल ने कहा है कि ज़्यादातर लोग जीवन में इसलिए सफल नहीं हैं, क्योंकि वे सोचते ही नहीं हैं। जो लोग अलग तरीक़े से सोचने को तैयार रहते हैं, उन्हें ही सबसे ज़्यादा सफलता मिलती है।

कल्पना का महत्त्व

कल्पना का महत्त्व मुझे छोटी उम्र में ही समझ आ गया था, जब मुझे मुहम्मद अली से मिलने का अवसर मिला था। जब मैं फ़िलाडेल्फ़िया में अपनी नानी के घर गया था, तो मेरी माँ टिकट ख़रीद लाईं, ताकि मैं स्थानीय टेलीविज़न शो पर मुहम्मद अली का इंटरव्यू रिकॉर्ड होते देख सकूँ। मैं इतना रोमांचित था कि मुझे सूझ ही नहीं रहा था कि क्या करूँ। मैं उतावला हो रहा था कि टेलीविज़न स्टूडियो जाने का समय कब आएगा। संयोग से हमें सामने वाली क़तार की सीटें मिली थीं! चैंपियन ने आकर सामने वाली क़तार में बैठे हर व्यक्ति से हाथ मिलाया और मैं इतना रोमांचित था क्योंकि मैं अब लौटकर अपने सारे मित्रों को बता सकता था कि मैंने मुहम्मद अली से सचमुच हाथ मिलाया था!

मैं अब पीछे पलटकर देखता हूँ और मुझे अहसास होता है कि हाथ मिलाना अच्छा था, लेकिन यह धुल गया था। बहरहाल, इंटरव्यू के दौरान उन्होंने एक ऐसी बात कही, जो नहीं धुली। उन्होंने एक बीज बो दिया, जो मेरे बड़े होने के साथ ही बड़ा होता गया और इसने मेरी सोच को आकार देने में मदद की। इंटरव्यू के दौरान उनसे पूछा गया कि उन्होंने बॉक्सिंग उद्योग में कैसे क्रांति कर दी, ताकि लोग उनके मुक़ाबले देखने के लिए भीड़ लगा दें। उनका जवाब था कि कल्पना उनकी सफलता की कुंजी थी। उन्होंने कहा, "देखिए, मैंने काफ़ी पहले यह सीख लिया था कि अच्छा होना ही पर्याप्त नहीं है; आपके पास कल्पना भी होनी चाहिए और आपके पास सपना भी होना चाहिए।" मुहम्मद अली ने एक ऐसी छवि बना ली थी, जिससे लोग या तो प्रेम करते थे या फिर नफ़रत करते थे। जो लोग उनसे प्रेम करते थे, वे उनकी जीत देखने आते थे; जो लोग उनसे नफ़रत करते थे, वे उनकी हार देखने आते थे। चाहे जो भी नज़रिया हो, हर सीट बिक जाती थी!

मैंने उस दिन एक ऐसी चीज़ सीखी, जो जीवन भर मेरी मदद करने वाली थी। मैंने सपनों की शक्ति के बारे में सीखा। मैंने सीखा कि आपके पास कल्पना होनी चाहिए और आपको सृजनात्मक होना चाहिए!

कुछ समय पहले मैंने एक ज़ोरदार विज्ञापन देखा। इस विज्ञापन में एक छोटा लड़का मुहम्मद अली की पुरानी क्लिपिंग देख रहा था, जब उन्होंने विश्व चैंपियनशिप के लिए सॉनी लिस्टन को पराजित कर दिया था। युवा अली चिल्ला रहे थे, "मैंने संसार को हिला दिया! मैंने संसार को हिला दिया!" फिर दृश्य बदल गया और वही छोटा लड़का अब उम्र में बड़े हो चुके मुहम्मद अली के पास बैठा था। उन्होंने छोटे लड़के की आँखों में देखा और बोले, "संसार को हिला दो! संसार को हिला दो!"

मुझे यक़ीन है कि हम एक ऐसे दौर में रह रहे हैं, जब हम कुछ अविश्वसनीय चीज़ें कर सकते हैं, बशर्ते हम कल्पना का सहारा लें। यही समय है कि हम अपनी सोच बदलकर अपनी आर्थिक स्थिति तथा भविष्य बदल लें। यही समय है कि हम संसार को हिलाकर रख दें! तो फिर देर किस बात है? जुट जाएँ! संसार को हिला दें!

दौलत बनाने में आपके नेटवर्क की शक्ति

अपनी दौलत बनाने में सफलता के रहस्यों में से एक यह है कि दूसरों के विचारों के प्रति खुले रहें और उन लोगों के साथ अपना नेटवर्क बनाने का संकल्प लें, जो बड़ा सोचते हैं। नेटवर्क बनाना अनिवार्य है; दूसरों से सुनने-सीखने की क्षमता होना अनिवार्य है। हेनरी फ़ोर्ड ने कहा था, "मुझे सारे जवाब नहीं पता। मैं तो बस यह सुनिश्चित करना चाहता हूँ कि मैं इतना चतुर रहूँ कि चतुर लोगों को अपने इर्द-गिर्द रखूँ और यह भी सुनिश्चित करना चाहता हूँ कि मैं उनकी बात सुनने और उनसे

सीखने के लिए पर्याप्त बुद्धिमान रहूँ।"

मैंने सीखा है कि आपका नेटवर्क ही अक्सर आपकी नेट वर्थ तय करता है! आप किसके साथ उठते-बैठते हैं? वे कौन हैं, जिनसे आप बातचीत करते हैं और विचारों का आदान-प्रदान करते हैं? क्या वे इस तरह के लोग हैं, जो आपको प्रोत्साहित करते हैं, प्रेरित करते हैं और आपमें सकारात्मक ऊर्जा भरते हैं? या वे आपको हतोत्साहित करते हैं, निराश कर देते हैं और आपकी ऊर्जा व रचनात्मकता को चूस लेते हैं? आप जिनके साथ उठते-बैठते हैं, आप वैसे ही बनेंगे... अच्छे या बुरे। इसलिए ऐसे लोगों के साथ रहने का संकल्प लें, जो आपके विचारों को प्रेरित करें और उद्यमी भाव को प्रोत्साहित करें, क्योंकि आपकी विपत्तियों को संपत्तियों में बदलने में इन लोगों का बड़ा प्रभाव पड़ेगा। आपका नेटवर्क निश्चित रूप से नेट वर्थ बढ़ाने में आपकी मदद करेगा। जीवन में सिर्फ़ यही मायने नहीं रखता कि आप क्या जानते हैं, बल्कि यह भी मायने रखता है कि आप किसे जानते हैं और आपको कौन जानता है! इसीलिए उन लोगों का नेटवर्क बनाना महत्त्वपूर्ण है, जिन्हें आप जानते हैं और जो आपको जानते हैं - और जानते हैं कि आप क्या कर सकते हैं।

अध्ययनों से पता चला है कि मुश्किल समय में 90 प्रतिशत नौकरियाँ व्यक्तिगत संबंधों के दम पर हासिल की जाती हैं। लोगों को नौकरी इस आधार पर मिलती है कि वे किसे जानते हैं, या तो सीधे या फिर अपने नेटवर्क में शामिल लोगों के संबंधों के कारण। मैंने अपनी मार्केटिंग मैनेजर को इसलिए नौकरी पर रखा, क्योंकि मेरे सबसे अच्छे मित्र की साली ने उसे उसका बायोडाटा दिया था, जिसने उसके काम की तारीफ़ करते हुए सिफ़ारिश की थी। मेरा मित्र जानता था कि मैं मार्केटिंग का पद भरने के लिए इंटरव्यू ले रहा था और उसने मुझे उस महिला की जानकारी भेजते हुए बताया कि उसकी साली ने उसकी तगड़ी सिफ़ारिश की थी। उसकी सिफ़ारिश पर मैंने उस महिला का इंटरव्यू लिया और ज़बर्दस्त इंटरव्यू प्रक्रिया के बाद नियुक्त कर लिया।

पुरानी कहावत है कि संसार के दो लोगों के बीच केवल छह डिग्री की दूरी होती है, लेकिन मैं मानता हूँ कि सामाजिक नेटवर्किंग के इस दौर में यह दूरी इससे भी कम हो गई है। कुंजी यह है कि आपको संबंध विकसित करने चाहिए और संबंधों पर काम करना चाहिए। मुश्किल दौर में आपको इस बिंदु पर ध्यान केंद्रित करना चाहिए कि आप अपनी नेटवर्किंग की गति बढ़ा लें। आपको दूसरे लोगों के साथ संबंध विकसित करने और नेटवर्क बनाने का इच्छुक रहना चाहिए। संबंध की ज़रूरत पड़ने से पहले ही उस पर काम शुरू कर दें। इसके अलावा, मेरी अनुशंसा है कि आपको किसी संबंध में से निकालने से पहले उसमें जमा करने का ध्यान रखना चाहिए। दूसरों की मदद माँगने से पहले यह देखें कि आप दूसरों की मदद के लिए क्या कर सकते हैं।

अपनी विपत्तियों को संपत्तियों में बदलने के लिए यह अनिवार्य है कि आप अपने नेटवर्क का विस्तार करें और रणनीतिक साझेदार बनाने की दिशा में मेहनत करें। मैं आपको यह संकल्प लेने के लिए प्रोत्साहित करता हूँ कि आप अपने नेटवर्क के लोगों से संपर्क करें और यह देखें कि आप उनकी मदद कैसे कर सकते हैं (और वे आपकी मदद कैसे कर सकते हैं)। इसे जीत/जीत अवसर बनने की ज़रूरत है, क्योंकि सर्वश्रेष्ठ रणनीतिक गठबंधन से दोनों पक्षों को लाभ होता है।

नौकरी की सिर्फ़ तलाश न करें... बल्कि उसे बनाएँ! (यू इंक. के सीईओ बनें)।

मेरी सलाह है कि आप किसी कर्मचारी की तरह सोचना छोड़ें, जो नौकरी की सिर्फ़ तलाश कर रहे हैं। इसके बजाय किसी ऐसे व्यक्ति की तरह सोचना शुरू करें, जो कंपनी चला रहा है। इसका मतलब है कि आपको यू इंक. के सीईओ की तरह सोचना शुरू करना चाहिए। नेटवर्क मार्केटिंग यह काम करने का एक तरीक़ा है। नेटवर्क मार्केटिंग में कोई प्रॉडक्ट दुकानों के बजाय व्यक्तिगत नेटवर्क्स के माध्यम से वितरित किया जाता है। जो पैसा और प्रयास आम तौर पर उस प्रॉडक्ट का टेलीविज़न या रेडियो पर विज्ञापन देने में ख़र्च होता है, उसे बेचने वाले लोगों को प्रोत्साहन देने में पुनर्निवेशित कर दिया जाता है। वे लोग उस प्रॉडक्ट या सेवा को अपने नेटवर्क के लोगों को बेच देते हैं। इसके अलावा वे अपने नेटवर्क के लोगों को कारोबार में शामिल होने का अवसर देते हैं, ताकि वे अपने व्यक्तिगत नेटवर्क को सामान बेचकर अतिरिक्त आमदनी हासिल करें।

कुछ लोगों के मन में नेटवर्क मार्केटिंग की नकारात्मक छाप होती है, लेकिन उन्हें यह अहसास नहीं होता कि नेटवर्क मार्केटिंग ने बहुत से लोगों को करोड़पति बनाया है। जब समय मुश्किल होता है और जब व्यक्तिगत अर्थव्यवस्थाएँ दबाव में होती हैं और लोग ज़्यादा पैसा कमाने के सृजनात्मक तरीक़ों की तलाश करते हैं, तब नेटवर्क मार्केटिंग व्यवसाय शुरू करने का एक अद्‌भुत तरीक़ा है। इसके अलावा नेटवर्क मार्केटिंग की लागत भी कम होती है, जिससे आप कोई कारोबारी उद्यम शुरू कर सकते हैं और जिसमें दूसरे लोग सफल बनने में आपकी मदद करते हैं, क्योंकि आप जितने ज़्यादा सफल होते हैं, वे भी उतने ही ज़्यादा सफल होंगे। कुछ लोग यह मानते हैं कि नेटवर्क मार्केटिंग पिरामिड योजना या अधुनातन पॉन्ज़ी योजना है। देखिए, कुछ बुरी नेटवर्क मार्केटिंग कंपनियाँ हुई हैं, जिस तरह कि कुछ बुरी पारंपरिक कंपनियाँ हुई हैं। लेकिन ज़्यादातर नेटवर्क मार्केटिंग कंपनियाँ व्यक्तिगत दौलत कमाने की वैध और उत्कृष्ट वाहन हैं। डोनाल्ड ट्रम्प, रॉबर्ट कियोसाकी और सफलता के कई अन्य कोच नेटवर्क मार्केटिंग की अनुशंसा करते हुए इसे दौलत बनाने का अविश्वसनीय तरीक़ा कहते हैं और मैं भी उनकी आवाज़ में अपनी आवाज़ मिला रहा हूँ। इतने बरसों में मुझे सैकड़ों नेटवर्क मार्केटिंग कार्यक्रमों में बोलने का अवसर

मिला है। उन कार्यक्रमों में मिलने वाले कई लोगों से मेरा संपर्क जारी रहा है और उनमें से कई मिलियनेअर बन गए हैं और उन्होंने भारी सफलता हासिल की है। मैं मानता हूँ कि नेटवर्क मार्केटिंग लोगों को स्वतंत्र व्यवसाय मालिक बनने और दौलतमंद बनने का ज़बर्दस्त अवसर पेश करती है।

स्वयंसेवा करके जगह बनाएँ

अपनी दौलत बढ़ाने का एक और तरीक़ा है, जिसकी मैं सिफ़ारिश करता हूँ। यह है स्वैच्छिक कार्य या स्वयंसेवा। यह किसी विरोधाभास जैसा लगता है, लेकिन है नहीं।

एक विमान में मैं एक युवक से मिला, जिसने मुझे बताया कि वह कुंठित था। वह कई जगह बायोडाटा भेज रहा था, लेकिन उसे कहीं कोई सफलता नहीं मिली थी। मैंने उसे बताया कि वह कुछ अलग करने की कोशिश कर सकता है : स्वयंसेवा करे और इतना उत्कृष्ट बन जाए कि वह एक अवसर बना ले। मैंने उससे पूछा कि क्या उसने कभी सिंडिकेटेड रेडियो शो होस्ट माइकल बेसडन का नाम सुना है। उसके हाँ कहने पर मैंने उसे बताया कि माइकल बेसडन कभी शिकागो ट्रांज़िट एथॉरिटी में काम करते थे। वे रेडियो होस्ट बनना चाहते थे, लेकिन कोई भी उन्हें नौकरी पर नहीं रखना चाहता था, इसलिए उन्होंने मुफ़्त में काम करके स्वयंसेवा की और यह दिखा दिया कि वे क्या कर सकते हैं। उन्होंने शहर का शीर्षस्थ शो बना लिया। इस छोटी शुरुआत से उन्होंने एक बड़ा अनुबंध और राष्ट्रीय सिंडिकेशन सौदा हासिल किया। मैंने उस युवक को यह सलाह दी कि वह स्वेच्छा से स्वयंसेवा करे और इतना असाधारण बन जाए कि अपने लिए एक जगह बना ले।

मैंने भी बेसडन के उदाहरण को आज़माने का निर्णय लिया। मैं अपनी राष्ट्रीय रेडियो उपस्थिति बढ़ाना चाहता था, इसलिए मैंने रेडियो वन नेटवर्क के लिए रेडियो स्टेशनों पर सोमवार सुबह के इंटरव्यू करके स्वयंसेवा की। मैंने हर सोमवार की सुबह पूरे अमेरिका के रेडियो स्टेशनों को फ़ोन किया और यह काम मुफ़्त में किया। पहली रेटिंग के बाद हमने पाया कि प्रोग्राम को ऊँची रेटिंग मिल रही थी, इसलिए उन्होंने अपने एक्सएम स्टेशन पर मुझे ज़्यादा लंबा समय देने की पेशकश की - और उन्होंने मुझे भुगतान भी किया! इसके बाद मैं एक्सएम रेडियो पर शीर्ष-स्तरीय सेल्फ़-हेल्प कार्यक्रम बनाने में कामयाब हो गया। यह सब स्वयंसेवा की इच्छा से शुरू हुआ था।

अब मैं विमान में मिले युवक के बारे में बाक़ी की कहानी बताता हूँ। मुझे उस युवक की चिट्ठी मिली, जिसे मैंने वह सलाह दी थी। उसने बताया कि उसने स्वयंसेवा की थी और उसे इसके ज़बर्दस्त परिणाम मिले। न सिर्फ़ उसे नौकरी मिली, बल्कि एक ऐसी नौकरी मिली, जिसमें उसकी पिछली नौकरी से ज़्यादा वेतन मिलता था। अगर आपको अच्छे वेतन वाला पद नहीं मिल पाता, लेकिन आपको ख़ुद पर

और अपने सपनों पर भरोसा है, तो मेरी यही सलाह है कि आप स्वयंसेवा करें और उत्कृष्ट बनें। दरअसल अविश्वसनीय बनें! उत्कृष्टता की छवि बना लेंगे, तो प्रायः आप अपने लिए जगह भी बना लेंगे। आप अपनी ख़ुद की तक़दीर तय करेंगे! मेरे प्रोग्राम एन एटीट्यूड ऑफ़ एक्सीलेंस में मैं ज़ोर देकर कहता हूँ कि उत्कृष्टता हमेशा नौकरी की सबसे अच्छी सुरक्षा होती है! क्यों? क्योंकि यह है... उत्कृष्टता समय के साथ सबसे अच्छे लाभ देती है। इसलिए उत्कृष्टता का प्रयास करें।

"मैंने हर चीज़ आज़मा ली है!"

अक्सर मैं उन लोगों से बात करता हूँ, जो चुनौतीपूर्ण दौर से गुज़र रहे हैं। वे मुझसे कहते हैं, "मैंने हर चीज़ आज़मा ली है!" इस पर मैं उनसे पूछता हूँ, "क्या आपने इसे आज़माया है? क्या आपने उसे आज़माया है?" आम तौर पर वे जवाब देते हैं, "ओह नहीं, मैंने उस बारे में नहीं सोचा था!" मैं कहता हूँ, "देखिए, शायद आपने हर चीज़ नहीं आज़माई है!" मेरी सलाह है कि आप काग़ज़-कलम लेकर बैठें और सबसे ऊपर लिखें, "मैं एक्स कैसे हासिल कर सकता हूँ," (एक्स यानी आप जो भी हासिल करने की कोशिश कर रहे हों) और फिर हर चीज़ के बारे में सोचें, जो आप कर सकते हैं। एक बार जब आप अपनी ख़ुद की सोच को ख़त्म कर लें, तो इसके बाद अपने नेटवर्क के कुछ लोगों से विचार माँगें। (वैसे, अगर वे कहते हैं, "यह नहीं किया जा सकता," तो आपकी प्राथमिकता यह होनी चाहिए कि आप उनकी एक न सुनें और अपने नेटवर्क को बढ़ाना शुरू करें।) दूसरे शब्दों में, आपको पहचानना चाहिए कि हो सकता है आपने वह कर लिया हो, जो आप सोच सकते हैं, लेकिन यह भी हो सकता है कि वही सब कुछ न हो। सोचते रहें और जवाबों की तलाश करते रहें!

सर्वश्रेष्ठ आना अभी बाक़ी है!

अपनी पुस्तक *एन एटीट्यूड ऑफ़ एक्सीलेंस* में मैं एक कहानी बताता हूँ, जिसने सचमुच मेरी ज़िंदगी बदल दी और मुझे जीवन तथा सफलता के बारे में एक नया दृष्टिकोण दिया। मैं एक नया वक्ता था और अपने व्यवसाय में जूझ रहा था। मैं फ़ोन चालू रखने के लिए जूझ रहा था और बिजली कंपनी से बिजली बंद न करने का आग्रह कर रहा था। यह मुश्किल था और मैं आशा कर रहा था कि कोई फ़ोन करके मुझे बोलने के लिए बुक कर लेगा, ताकि मैं अपने बिलों का भुगतान कर सकूँ। अंततः मुझे ऑरलैन्डो, फ़्लोरिडा के एक संगठन से फ़ोन आया। उन्होंने अपने कॉन्फ़्रेंस में बोलने के लिए मुझे बुक कर लिया। कुछ पैसे कमाने की उम्मीद से मैं इतना रोमांचित था कि ख़ुद को क़ाबू में नहीं रख पाया।

मैंने फ़्लोरिडा जाकर व्याख्यान दिया और लोगों ने करतल ध्वनि से अभिनंदन किया। मैं सातवें आसमान पर था! मैंने अपना चेक लिया और उन्होंने बेहतरीन काम करने के लिए एक छोटा बोनस भी दे दिया। पैसे पाकर मैं रोमांचित था और इसी अवस्था में मैं वापस लौटने वाले विमान पर चढ़ा। लेकिन फिर मैं अपने सारे बिलों और ख़र्च के बारे में सोचने लगा और मुझे अहसास हुआ कि पूरा पैसा ख़र्च होने की व्यवस्था तो पहले ही हो चुकी थी। यह मेरे सिवा बाक़ी हर एक के लिए आवंटित था! अचानक मैं निराश हो गया, क्योंकि अपने अकाउंट में जमा करने का मौक़ा मिलने से पहले ही पैसा चला गया था।

जब मैं वहाँ बैठा-बैठा अपनी हालत पर अफ़सोस कर रहा था, तो मैं बीच की ख़ाली जगह में एक ज़्यादा बड़े व्यक्ति से बात करने लगा। उसे अहसास हो गया होगा कि मैं जूझ रहा था और बातचीत के दौरान उसने मुझसे एक प्रश्न पूछा, जिसका मेरे जीवन पर गहरा प्रभाव पड़ा। उसने कहा, "युवक, तुम क्या सोचते हो मेरी उम्र कितनी है?"

मैंने उसकी ओर देखकर कहा, "देखिए, मैं कहूँगा यही कोई 60।"

वह मुस्कराया और उसने अपना चश्मा उतारकर सीधे मेरी आँखों में देखकर कहा, "युवक, मैं स्वास्थ्य और दौलत पर व्याख्यान देने के लिए पूरे देश में यात्रा करता हूँ और मैं यह काम हर दिन करता हूँ। मैं तुम्हें बताना चाहता हूँ कि मेरी उम्र 88 साल है और मेरा सर्वश्रेष्ठ आना अभी बाक़ी है!"

उस पल, मेरे लिए हर चीज़ बदल गई! अगर 88 साल का व्यक्ति यह सोच सकता था कि उसके सर्वश्रेष्ठ दिन उसके सामने थे और उसके पीछे नहीं थे, तो फिर मैं क्यों रो रहा हूँ? अगर 88 साल का इंसान ऐसा आशावाद रख सकता है, तो फिर मुझे सफलता से कौन दूर रख रहा था? जवाब यह था कि समस्या मैं ख़ुद था। मैं यह इंतज़ार कर रहा था कि सफलता मेरे पास आए। मैं जाकर सफलता पाने की पुरज़ोर कोशिश नहीं कर रहा था। लोगों के फ़ोन का इंतज़ार करने के बजाय मुझे उन्हें फ़ोन करना चाहिए था। अँगीठी के सामने बैठकर "मुझे गर्मी दो!" चिल्लाने के बजाय मुझे गर्मी उत्पन्न करने के लिए अँगीठी में कुछ डालना चाहिए था।

जब मैं उस दिन विमान से उतरा, तो मैं एक नया इंसान था। मैं एक नए नज़रिये और नए आशावाद के साथ घर लौटा। मैं फ़ोन पर जुट गया, सेल्स कॉल करने लगा और अपने कारोबार के बारे में ज़्यादा लोगों से बात करने लगा। फिर क्या था, परिस्थितियाँ बदलने लगीं। उस बुजुर्ग व्यक्ति की बात बिलकुल सही थी - सर्वश्रेष्ठ आना अभी बाक़ी था!

उस आदमी ने मेरे जीवन में जब ये शब्द बोले थे और मुझे प्रोत्साहित किया था, उसके बाद कई साल गुज़र चुके हैं और तब से बहुत कुछ हो चुका है। मुझे

वक्ता के रूप में, लेखक के रूप में और रेडियो व टेलीविज़न पर सफलता मिल चुकी है, लेकिन मैं मानता हूँ कि वृहद संभावनाओं की तुलना में यह सिर्फ़ छोटा सा हिस्सा है। मुझे वाक़ई यक़ीन है कि सर्वश्रेष्ठ का आना अभी बाक़ी है! मैं मानता हूँ कि आपका सर्वश्रेष्ठ आना भी अभी बाक़ी है! प्रश्न यह है, क्या आप इस बात पर यक़ीन करते हैं?

7

प्रार्थनापूर्ण बनें

आख़िरी क़दम दरअसल पहला क़दम होना चाहिए, क्योंकि यह सबसे महत्त्वपूर्ण क़दम है और यह है प्रार्थनापूर्ण बनना। मैंने पाया है कि प्रार्थना परिस्थितियों को बदल देती है और आपको आशा देती है। अमेरिकन साइकोलॉजिकल एसोसिएशन का एक अध्ययन कहता है कि आस्थावान लोग ज़्यादा लंबा जीते हैं। जब मैं 90-100 वर्ष पार वाले लोगों से बातचीत करता हूँ और उनसे दीर्घायु का रहस्य पूछता हूँ, तो मुझे यह आश्चर्यजनक जवाब मिलता है, "आस्था रखें और ईश्वर पर विश्वास करें!" मैंने बरसों पहले सीख लिया था कि अगर आप यह जानना चाहते हैं कि कोई चीज़ कैसे की जा सकती है, तो उस व्यक्ति से पूछें जो यह कर चुका है और उससे सीखें।

हालाँकि प्रार्थना सबसे महत्त्वपूर्ण क़दम है, लेकिन मैंने इसे जान-बूझकर सबसे अंत में रखा है, क्योंकि बहुत सारे लोग अक्सर *बाइबल* की ग़लत व्याख्या करते हैं और सोचते हैं कि अगर वे प्रार्थना करते हैं, तो उन्हें कोई दूसरी चीज़ करने की ज़रूरत नहीं है। उनके पास एक धर्मशास्त्र होता है, जो यक़ीन करता है कि उन्हें प्रार्थना के अलावा कुछ करने की ज़रूरत नहीं है और सब कुछ ठीक हो जाएगा। लेकिन *बाइबल* में स्पष्ट रूप से बताया गया है कि अगर कोई इंसान काम नहीं करता है, तो उसे खाने को नहीं मिलेगा! यह लोगों को बार-बार प्रोत्साहित करती है कि वे प्रार्थना करें और फिर उठकर काम करें। इसीलिए मैंने जान-बूझकर इसे आख़िरी क़दम के रूप में छोड़ा था, क्योंकि मैं उन लोगों की मदद करना चाहता हूँ, जो ईश्वर का इंतज़ार कर रहे हैं कि वे उनकी गोद में मदद डाल दें। उठें और ख़ुद की मदद करें।

मेरे मित्र और मशहूर कुकी हस्ती वैली "फ़ेमस" एमॉस ने मेरे रेडियो श्रोताओं को बताया, "अगर आप चाहते हैं कि ईश्वर आपकी गोद में कुछ डाले, तो यह सबसे अच्छा है कि आप अपनी गोद वहाँ रखें, जहाँ ईश्वर सामान डाल रहा है!" महान अमेरिकी नेता बेंजामिन फ़्रैंकलिन ने लिखा है, "ईश्वर उन लोगों की मदद

करता है, जो ख़ुद की मदद करते हैं।" कई लोग सोचते हैं कि यह उद्धरण *बाइबल* का है, लेकिन यह नहीं है। बहरहाल, मुझे पूरा विश्वास है कि यह सच है। मैं आपको प्रोत्साहित करता हूँ कि आप प्रार्थना करें, आस्था रखें और कर्म में जुटकर अपनी आस्था का इस्तेमाल करें! *बाइबल* कहती है, "कर्म के बिना आस्था मुर्दा है।" विपत्तियों को संपत्तियों में बदलने के लिए आपको प्रार्थना करनी चाहिए - फिर अपने पैर हिलाने चाहिए!

वर्षों से मैंने अपने मित्रों और ग्राहकों को प्रोत्साहित किया है कि वे सफलता के तीन गुणों को समझ लें, आस्था, एकाग्रता और लगन। आपको आस्था होनी चाहिए कि आप अपने सपनों को जीने वाले हैं और बड़े लक्ष्य हासिल करने वाले हैं। आस्था उन चीज़ों का अस्तित्व है, जिनकी आशा की जाती है और उन चीज़ों का प्रमाण है, जो दिखाई नहीं देती हैं। दूसरे शब्दों में आस्था में वह चीज़ शामिल होती है, जो आशा रखने और इस उम्मीद से आती है कि आपके विचार और सपने सच हो सकते हैं। इसका मतलब सकारात्मक अपेक्षाओं के विश्वास के साथ चलना और आगे बढ़ना है - यह विश्वास कि आपके कामों से अच्छी चीज़ें होंगी और अपने दिमाग़ में ऐसी चीज़ें देखना, जो अब तक साकार नहीं हुई हैं, लेकिन संभव हैं। मेरे मित्र डेल स्मिथ थॉमस ने मेरे रेडियो श्रोताओं को बताया कि आस्था डर का विपरीत है। डर झूठा प्रमाण है जो वास्तविक दिखता है, जबकि आस्था दिल में जवाब पाना है! ईश्वर हमसे कहता है कि हम आस्था रखें, और अगर हममें राई के दाने बराबर भी सच्ची आस्था हो, तो हम पहाड़ हिला सकते हैं! अगर आप अपने जीवन में अविश्वसनीय चीज़ें करने जा रहे हैं और भारी सफलता हासिल करने जा रहे हैं, तो इसमें आस्था की ज़रूरत होगी!

इसके बाद आपमें एकाग्रता होनी चाहिए। सफलता जादू-मंत्र के नहीं, बल्कि एकाग्रता के बारे में है! आपको अपने सपनों और लक्ष्यों पर ध्यान केंद्रित करना चाहिए। आपको उस सारे शोर-शराबे से नहीं भटकना चाहिए, जो लगातार हमें अपनी दिशा और लक्ष्य से भटकाने की कोशिश कर रहा है। इसीलिए मैं बार-बार लक्ष्यों के महत्त्व के बारे में चिल्ला रहा हूँ और बोल रहा हूँ कि आपको उनके बारे में सोचने का समय लेना चाहिए, उन्हें लिख लेना चाहिए और उन्हें नियमित रूप से पढ़ना चाहिए! जागने के पल से सोने के पल तक ज़्यादातर लोगों पर विज्ञापनों और संदेशों की लगातार बमबारी होती रहती है, जो उनकी एकाग्रता को उनके लक्ष्यों व स्वप्नों से दूर भटका सकते हैं। यह मोहिनी गीत की तरह हमें दिशा से दूर खींच लेगा। कई बार आपको रुकना होता है, संसार का बटन बंद करना होता है और पल भर के लिए अपने सपनों तथा लक्ष्यों पर ध्यान केंद्रित करना होता है और इस बात पर भी कि उन लक्ष्यों को हासिल करने के लिए किन चीज़ों की ज़रूरत होगी।

इसके बाद आती है लगन। इस क़दम में व्यावसायिक विकास प्रक्रिया से सक्रियता से गुज़रना शामिल है। मैं कहता हूँ कि आपको इस प्रक्रिया से गुज़रना चाहिए, क्योंकि यह जीवन के वृत्त का हिस्सा है कि आपके सभी कार्यों का एक प्रारंभ, एक मध्य और एक अंत होता है। बरसों पहले जब मैंने टेनिस खेलना शुरू किया, तो मैंने सीखा कि आपको शॉट की तैयारी से शुरू करना चाहिए, फिर आपको शॉट मारने की गतिविधि में आते हुए गेंद को मारना चाहिए और इसके बाद शॉट पूरा करना चाहिए। अगर मैं पहले दो क़दमों में से किसी को पूरा नहीं करता था, तो गेंद नेट के पार नहीं पहुँच पाती थी और जब मैं शॉट मारने के बाद उसे पूरा नहीं करता था, तो शॉट कमज़ोर और बेअसर होता था। फिर बरसों बाद जब मैंने गोल्फ़ खेलना शुरू किया, तो इसके प्रशिक्षक ने भी वही बात कही : शॉट की तैयारी से शुरू करें, फिर क्लब को घुमाते हुए गेंद मारें और फिर शॉट पूरा करें। एक टूर्नामेंट में एक दिन मैं फ़ॉलो थ्रू यानी शॉट पूरा करना भूल गया और मेरे सारे शॉट हर कहीं जा रहे थे। एक मित्र ने मेरे शॉट देखकर कहा, "विली, आप अपने शॉट पूरे नहीं कर रहे हैं!" मैंने ठहरकर इस बारे में सोचा और फिर मुझे अहसास हुआ कि वह सही कह रहा था। इसलिए मैंने शॉट पूरा करते हुए दोबारा कोशिश की और परिणाम बिलकुल अलग मिले। मैं खेल में लौट आया था, क्योंकि मैंने जिसे शुरू किया था, उसे पूरा करने का इच्छुक था।

मैंने इस बात को सफलता की प्रक्रिया में भी सच पाया है। आपको आवश्यक कार्यों की तैयारी करनी होगी, जो आपको अपनी लक्ष्य की दिशा में ले जाएँगे। फिर आपको काम करना होगा - समर्पित, सतत कार्य। फिर आपको पूरा करना होगा यानी शुरू किए हुए काम को पूरा करना होगा। जिन कामों के बारे में आपने कहा था कि आप उन्हें पूरा करेंगे, उन्हें पूरा करें, क्योंकि आपका शब्द हमेशा आपका बंधन होना चाहिए और अगर आप कोई बात कहते हैं, तो आपको उसे पूरा करना चाहिए! आपको अपनी कॉल्स, ईमेल और कारोबारी पत्राचार को पूरा करना चाहिए। मैं जिन सबसे दौलतमंद लोगों को जानता हूँ, वे हमेशा उन लोगों के साथ संवाद करने और काम पूरा करने का तरीक़ा खोज लेते हैं, जो उनके साथ व्यवसाय करना चाहते हैं। आपको उन चीज़ों को पूरा करना चाहिए, जिन्हें आपने अपनी सूचियों में लिखा है और सफलता के सारे सोचे गए क़दमों को पूरा उठाना चाहिए।

जब आप वित्तीय सफलता के इन तीन गुणों को हासिल कर लें, तो मैं चाहता हूँ कि आप समृद्धि के तीन गुणों को भी जोड़ लें। ये हैं प्रार्थना, योजना और पीछा करना! सबसे पहले तो आपको इतना विनम्र होना चाहिए कि प्रार्थना करने का समय निकालें, क्योंकि प्रार्थना परिस्थितियों को बदल देती है। प्रार्थना आशा की ओर ले जाती है और आपको सफल होने के लिए आशा की ज़रूरत होती है, ख़ास तौर पर चुनौतीपूर्ण समय में। *बाइबल* में कहा गया है, "हम जानते हैं कि पीड़ा से दृढ़ता

उत्पन्न होती है, दृढ़ता से चरित्र बनता है और चरित्र आशा उत्पन्न करता है!" आपमें आशा होनी चाहिए और प्रार्थना आशा की ओर ले जाएगी! इतना घमंड न करें कि प्रार्थना ही न करें, क्योंकि प्रार्थना आपको यात्रा करने की शक्ति प्रदान कर सकती है। ब्रूस विलकिंसन ने कुछ वर्ष पहले एक पुस्तक लिखी थी, जिसका शीर्षक था *द प्रेयर ऑफ़ जाबेज़।* इसमें जाबेज़ नामक एक इंसान की कहानी थी, जिसने प्रार्थना की कि ईश्वर उसके इलाके को बड़ा कर दे और ईश्वर ने उसका आग्रह पूरा कर दिया! क्यों? क्योंकि जाबेज़ ईश्वर पर विश्वास करने को तैयार था और ज़्यादा समृध्दि के लिए प्रार्थना करने को इच्छुक था! आप जो चाहते हैं, उसके लिए प्रार्थना करें और ईश्वर से आशीष पाने के इच्छुक रहें। यह हमेशा याद रखें कि ईश्वर आपको दौलत पाने की शक्ति देता है, लेकिन यह हम पर है कि हम अच्छे रखवाले बनें और अपने वरदान का इस्तेमाल उसके नियमों को स्थापित करने और दूसरों की मदद करने के लिए करें। सबसे पहले प्रार्थना करें! याद रखें, प्रार्थना आपको आशा देती है। यह आपको चुनौतियों के बावजूद चलते रहने की शक्ति देती है।

आशा और प्रार्थना की शक्ति

सब कुछ प्रार्थना पर है। प्रार्थना दोबारा वापसी की प्रक्रिया में एक महत्त्वपूर्ण तत्व है, क्योंकि प्रार्थना में आस्था की ज़रूरत होती है, आस्था आशा लाती है और आशा आशावाद तथा आगे बढ़ते रहने की इच्छा लाती है, चुनौतीपूर्ण समय में भी। आशा यात्रा का ईंधन है, जो आपको तब भी चलाता रहता है, जब बाक़ी हर व्यक्ति साथ छोड़ जाता है। अपनी संभावनाओं को अधिकतम करने के लिए आपमें आशा और उच्च अपेक्षाएँ होनी चाहिए, क्योंकि आशा और अपेक्षा मुश्किल समय में बचने के शक्तिशाली औज़ार हैं।

महान वक्ता जॉन एल्स्टन ने आशा के प्रभाव के बारे में मुझे एक कहानी बताई थी। उन्होंने कहा कि एक साइंस क्लब ने पानी के एक टब में चार मेंढक रख दिए। उन्होंने मेंढकों को पानी के उस टब में तब तक रखा, जब तक कि हवा लगभग ख़त्म नहीं हो गई और आख़िरी पल पर मेंढकों को बाहर निकाल लिया। अगले दिन उन्होंने उन्हीं चार मेंढकों को पानी के टब में रखा और पानी के एक दूसरे टब में चार नए मेंढक रख दिए। उन्होंने सभी मेंढकों को पानी के नीचे तब तक रखा, जब तक कि हवा लगभग ख़त्म नहीं हो गई और इसके बाद भी उन्हें 15 सेकंड तक और डुबोए रखा। पिछले अनुभव से नहीं गुज़रने वाले मेंढकों ने हार मान ली और वे मर गए; लेकिन पिछले दिन वाले चार मेंढक इंतज़ार करते रहे और जीवित रहे। पुराने मेंढकों में आशा थी, आशावाद था, विश्वास था कि वे चुनौती को पार कर लेंगे, क्योंकि वे पुराने अनुभव से गुज़र चुके थे। आशा का आपके अंतिम

परिणामों पर भारी प्रभाव पड़ेगा।

इसके बाद आपको योजना बनानी चाहिए! अपने काम की योजना बनाएँ और अपनी योजना के मुताबिक़ काम करें! अगर आप दौलत बनाना चाहते हैं, तो योजना बनाना अत्यंत महत्त्वपूर्ण है। आपकी योजना चाहे तरल और लचीली हो, लेकिन आपको एक बिज़नेस प्लान और एक कार्ययोजना की ज़रूरत होती है। कोई भी महान इमारत ब्लूप्रिंट के बिना नहीं बनी है, न ही कोई महान सेना युद्ध योजना के बिना कभी जीती है। आपके पास भी एक योजना होनी चाहिए। आपको रास्ते में हेरफेर और परिवर्तन करने पड़ सकते हैं, लेकिन कम से कम आप जान जाएँगे कि आप कहाँ जा रहे हैं। योजना के साथ आपको ख़ुद को सही जगह पर रखना चाहिए, ताकि जब अर्थव्यवस्था वापसी करे, तो आप तैयार हों। वेन ग्रेट्स्की ने कहा था कि भारी सफलता की कुंजी हमेशा सही जगह पर रहना है। उन्होंने कहा था, "अच्छा हॉकी खिलाड़ी वहाँ खेलता है, जहाँ गेंद होती है। महान हॉकी खिलाड़ी वहाँ खेलता है, जहाँ गेंद पहुँचने वाली होती है!" सफल लोग ख़ुद को वहाँ पर रखते हैं, जहाँ पैसा आने वाला है, वहाँ नहीं जहाँ यह इस समय है। दोबारा वापसी के लिए ख़ुद को इसी वक़्त सही स्थिति में लाएँ!

अंत में आपको पूरी शिद्दत से जुटना चाहिए, अपनी पूरी शक्ति के साथ इसके पीछे जाना चाहिए! ज़्यादातर लोग अपने जहाज़ के आने का इंतज़ार करते हैं, लेकिन समझदार लोग अपने जहाज़ तक तैरकर जाते हैं। मैं यह बात बार-बार कहूँगा : आपको सबसे पहले प्रार्थना करनी चाहिए और फिर उठकर काम में जुट जाना चाहिए। जब आप अपने लक्ष्य को लेकर गर्म कोयले की तरह सुर्ख़ हो जाते हैं और पूरी शिद्दत से इसका पीछा करते हैं, तो मुझे यक़ीन है कि ऐसी चीज़ें होने लगेंगी, जिनकी आप कल्पना भी नहीं कर सकते। अगर आप ज़िंदगी में दौलत चाहते हैं, तो आपको प्रयास करने का संकल्प लेने की ज़रूरत है। प्रार्थना करें और फिर अपने पैर हिलाएँ।

क्या आप इस मुश्किल समय से उबरने वाले हैं?

बारहवें ग्रेड में एक अनुभव ने मेरी ज़िंदगी बदल दी और मुझे एक नया दृष्टिकोण दिया। मैं स्कूल में बस समय काट रहा था और जैसे-तैसे उत्तीर्ण हो रहा था। एक दिन जब मैं होमरूम में था, तो स्पीकर पर एक घोषणा हुई, "एक प्रेरक वक्ता आज सुबह हमारे यहाँ व्याख्यान देने वाले हैं और इसमें सबकी उपस्थिति अनिवार्य है!"

मैंने अपनी टीचर से कहा, "मुझे किसी प्रेरक वक्ता की बातें सुनने की कोई ज़रूरत नहीं है। मैं यहीं होमरूम में रुककर अपना होमवर्क निबटाना चाहता हूँ - दो सप्ताह पिछड़ा हुआ है!"

वे बोलीं, "देखो बेटा, तुम्हें वाक़ई थोड़ी प्रेरणा की ज़रूरत है!"

मैं उस दिन हॉल में नहीं जाना चाहता था, लेकिन अनिवार्य होने के कारण जाना पड़ा। मैं हॉल में गया और पीछे वाली क़तार में बैठ गया। मैंने अपना कनटोप खींचकर सिर के ऊपर ढँक लिया और निर्णय लिया कि मैं कुछ नहीं सुनूँगा। लेकिन अपने संदेश में कहीं पर वक्ता ने मेरा ध्यान आकर्षित कर लिया। उन्होंने कहा, "इस कमरे में किसी के भीतर कुछ ख़ास है। इस कमरे में कोई अपने जीवन में बेहतरीन चीज़ें करने जा रहा है। मैं नहीं जानता कि यह आपमें से कौन है, लेकिन मैं इतना यक़ीन से जानता हूँ कि यह आपमें से कोई एक है!"

उस पल मेरे भीतर कोई चीज़ जाग गई और मैंने एक आवाज़ को कहते सुना, "यह मैं हूँ! यह मैं हूँ!"

जब वक्ता की बात पूरी हो गई, तो वे मंच से उतरकर बीच के गलियारे में चलने लगे। वे सीधे मेरी क़तार की तरफ़ आए और मैंने क़तार के कोने तक दौड़कर कहा, "माफ़ करें, सर!" उन्होंने रुककर मेरी आँखों में देखा और मैं उन्हें बताना चाहता था कि वे मेरे ही बारे में बोल रहे थे, लेकिन शब्द बाहर नहीं निकले। मैंने कोशिश की और कोशिश की, लेकिन शब्द बाहर ही नहीं निकले! आख़िरकार, उन्होंने अपना सिर हिलाकर गुड डे कह दिया। उनके दूर चले जाने पर मैं बहुत विचलित था, क्योंकि मैं शब्द नहीं बोल पाया था। साथ ही, मैं रोमांचित भी था, क्योंकि मेरे भीतर कोई चीज़ बदल गई थी।

बरसों गुज़र गए। डेनवर हवाई अड्डे पर विमान बदलते समय मैं एक गेट से दूसरे गेट की ओर जा रहा था, तभी अचानक वे मुझे दिख गए! मैंने उन्हें हाई स्कूल के बाद से नहीं देखा था। मेरे घुटने थरथराने लगे, लेकिन ख़ुद को सँभालते हुए मैं उनके पास गया। मैंने कहा, "माफ़ करें, सर। मुझे आपको परेशान करने का अफ़सोस है, लेकिन मेरा नाम विली जॉली है और मुझे आपसे एक सवाल पूछना है।"

उन्होंने कहा, "क्या आप वही विली जॉली हैं, जो लेखक और वक्ता हैं? मैंने आपको टेलीविज़न पर देखा है और आपकी पुस्तकें पढ़ी हैं। मुझे उनमें बहुत मज़ा आया!"

मैंने कहा, "आपको धन्यवाद सर, लेकिन मैंने आपको इसलिए नहीं रोका था। मुझे आपसे एक प्रश्न पूछना है। क्या आप 1970 के दशक के बीच में वॉशिंगटन, डीसी के रूज़वेल्ट सीनियर हाई स्कूल में आए थे और आपने विद्यार्थियों के सामने व्याख्यान दिया था?"

वे बोले, "हाँ।"

मैंने पूछा, “क्या आपको याद है, आपने विद्यार्थियों से कहा था कि कमरे में किसी ख़ास विद्यार्थी में कोई ख़ास चीज़ थी?”

एक बार फिर उन्होंने जवाब दिया, “हाँ, मुझे याद है।”

फिर वे बोले, “सर, मैं आपको तब नहीं बता पाया, लेकिन मैं आपको अब बता सकता हूँ... यह मैं था! आप मेरे ही बारे में बात कर रहे थे!”

मैंने पाया है कि जब मैं संसार में यात्रा करता हूँ, तो कई बार विद्यार्थियों से बात करते समय मुझे अहसास हो जाता है कि उस कमरे में किसी में कोई ख़ास चीज़ है। उस कमरे में किसी के पास यहाँ रहने का कारण है। वे अपने जीवन में कुछ बेहतरीन करने वाले हैं। मैं नहीं जानता कि यह उनमें से कौन है, लेकिन मैं इतना जानता हूँ कि उस कमरे में बैठा कोई न कोई व्यक्ति यह करने जा रहा है।

आज मैंने यह चीज़ लिखने का निर्णय इसलिए लिया, क्योंकि मुझे ऐसा प्रतीत होता है कि इस पुस्तक को पढ़ने वाले किसी व्यक्ति के भीतर कोई ख़ास चीज़ है। उसके भीतर कुछ ज़बर्दस्त है। वह इस राह में इसलिए आया है, क्योंकि उसे अपने जीवन में कोई अविश्वसनीय चीज़ करनी है। मैं नहीं जानता कि वह व्यक्ति कौन सा है, लेकिन मुझे यक़ीन है कि वह आपमें से एक है! क्या आप ही हैं?

इट्स बाय युअर फ़ेथ

विली जॉली और ब्रायन टेलर द्वारा

कर्म के बिना आस्था मुर्दा है!

आपके पास न सिर्फ़ आस्था होनी चाहिए, बल्कि आपको उसका इस्तेमाल भी करना चाहिए! आपको अपनी आस्था को संज्ञा नहीं, बल्कि क्रिया मानना चाहिए, जैसे यह कोई कार्य हो, कोई ऐसी चीज़ जिस पर आप काम कर रहे हैं! जब आप अपनी आस्था पर काम करते हैं, तो आपको यह देखने की शक्ति मिल जाती है कि *बाइबल* के शब्द वास्तविक हैं और धर्मग्रंथ जीवन में नई ऊर्जा तथा रोमांच ला सकते हैं! आस्था कोई ऐसी चीज़ नहीं है जिसे हमें पढ़ना चाहिए; यह तो एक ऐसी चीज़ है जिसे हमें जीना चाहिए... हर दिन। आज मैं चाहता हूँ कि आप जिस चीज़ के बारे में सोच रहे हैं, लेकिन कोशिश करने से घबराते हैं, उसे कर दें। ईश्वर पर विश्वास करें और वह काम अभी शुरू कर दें! अपने जीवन के पर्वतों को आवाज़ दें और उनसे अपने रास्ते से दूर हटने को कहें! पूरे विश्वास से बोलें! यह सचमुच आपकी आस्था के अनुरूप किया जाता है! आप जिस पैमाने पर जीते और देते हैं, उसी पैमाने पर आपको मिलता है! आगे बढ़ें!

"आपकी आस्था के अनुसार होता है" (खंड दो)

बोले गए शब्द : अब जब मैंने धर्मग्रंथ पढ़े
तो मैंने पाया कि शक्ति का यह वादा
जो हमसे किया गया है, बशर्ते हम बस आस्था रखें
मैंने जितना ज़्यादा पढ़ा, उतना ही ज़्यादा पाया
कि जैसा आप यक़ीन करते हैं, वैसा ही आपको मिलेगा
फिर मैंने थोड़ा और ज़्यादा सीखा
यह कहता है कि सारी चीज़ें संभव हैं
बशर्ते आप बस विश्वास करें

फिर इसने कहा इंसान जैसा दिल में यक़ीन करता है
वैसा ही वह है। फिर मैंने थोड़ा और ज़्यादा पढ़ा
इसने कहा आपको हासिल नहीं होता है अपने अविश्वास के कारण
वाह! और फिर हमने पाया कि हम पर्वत हिलाने वाली
आस्था रख सकते हैं, हम अपनी परिस्थितियाँ बदल सकते हैं
अपनी आस्था की शक्ति से अपना जीवन बदल सकते हैं
इसने कहा यक़ीनन अगर आपमें राई के दाने जितनी आस्था हो
आप इस पर्वत से कहेंगे यहाँ से वहाँ हिलो
तो यह हिल जाएगा और कोई चीज़ आपके लिए असंभव नहीं होगी
मैंने कहा ओह, मुझे यहाँ कोई चीज़ मिल गई है
इसने कहा जो भी हो, (और मैंने सोचा मैं जो-भी-होऊँ, हूँ)
इसने कहा, जो भी इस पर्वत से हटने को कहता है
और समुद्र में गिरने को कहता है और अपने दिल में शंका नहीं करता है
लेकिन विश्वास करता है कि उसकी कही सारी बातें साकार होंगी
वह जो भी कहता है, उसे मिल जाएगा
या अगर आपमें राई के दाने जितनी आस्था है
तो आप शहतूत के वृक्ष से कह सकते हैं कि यह अपनी जड़ें उखाड़ ले
और समुद्र में जमा ले, और यह आपका आदेश मानेगा
ओह मैंने सोचा कि मुझे रहस्य मिल गया था
और मैंने कहा ठीक है, मैं और क्या सीख सकता हूँ
इसने कहा माँगो और आपको मिल जाएगा
खोजो और आप पा लेंगे
दरवाज़ा खटखटाओ और दरवाज़ा आपके लिए खुल जाएगा
क्योंकि जो भी माँगता है, उसे मिलता है और जो भी खोजता है, वह पा लेता है

और जो भी दरवाज़ा खटखटाता है, उसके लिए दरवाज़ा खुल जाएगा
ज़्यादातर लोगों को इसलिए नहीं मिलता है क्योंकि
वे या तो माँगते नहीं हैं, या खोजते नहीं हैं, या खटखटाते नहीं हैं
और फिर वे हैरान होते हैं कि क्यों नहीं!
आपमें आस्था होनी चाहिए। यह इतना ही आसान है
दोस्तों आपमें आस्था होनी चाहिए
आपको आस्था के हिसाब से चलना चाहिए
आस्था से बोलना चाहिए, आस्था से जीना चाहिए, आस्था से हिलना चाहिए
ओह, अपनी आस्था पर काम करें
आपको बाहर जाकर समझना होगा कि आप पहाड़ हिला सकते हैं
आप अविश्वसनीय चीज़ें कर सकते हैं
बशर्ते आप अपनी आस्था बढ़ाने के इच्छुक हों
इसे क़ायम रखें! आस्था को क़ायम रखें!

समापन

जीवन में संकट, मंदियाँ और चुनौतियाँ रहेंगी - शायद नहीं, संभव नहीं, बल्कि निश्चित संकट और समस्याएँ। लेकिन यह याद रखना महत्त्वपूर्ण है कि यह केवल आप ही के साथ नहीं होता है और यह स्थायी नहीं है। यह भी गुज़र जाएगा! हर व्यक्ति मंदी या आर्थिक गिरावट के कष्ट को महसूस करता है; यह समान दर्द होता है। यही नहीं, हर व्यक्ति अपने जीवन में किसी न किसी बिंदु पर व्यक्तिगत आर्थिक स्थितियों का अनुभव करता है, जहाँ उसकी अपनी निजी मंदी या गिरावट होती है। लेकिन हर बोझ में एक वरदान होता है और अगर हम समझदार हैं, तो इन चुनौतियों से हम अपनी दौलत और सफलता बढ़ा सकते हैं। मंदी और गिरावट हमेशा प्रगति की ओर ले जाती हैं। इतिहास ने दिखाया है कि हर गंभीर आर्थिक मंदी के बाद देश के रूप में हम ज़्यादा शक्तिशाली बने हैं और हमारी अर्थव्यवस्था का विस्तार हुआ है। हर आर्थिक मंदी के बाद हम जीवन के सामान्य पैमाने में ज़्यादा वृद्धि देखते हैं। मंदी में ज़्यादा लोग दौलत बनाने के बारे में सीखते हैं तथा करोड़पतियों की जमात में शामिल हो जाते हैं। कुंजी यह है कि जब आप तलहटी में हों, तो यह अत्यंत महत्त्वपूर्ण है कि आप आशा न छोड़ें, बल्कि एक सकारात्मक मानसिकता बनाए रखें। अगर आप संभावनाओं के बारे में सोचने के इच्छुक हैं और गंभीर चुनौतियों के बीच भी सकारात्मक बने रहते हैं, तो आपको अहसास होगा कि आप इसे पलट सकते हैं, आप विजेता बन सकते हैं और आपको शिकार बनने की ज़रूरत नहीं है! चुनौती के इन पलों में ही हम या तो अपने लक्ष्यों व सपनों की दिशा में आगे बढ़ेंगे या फिर अपने डरों की ओर पीछे गिरेंगे। चुनाव आप पर निर्भर करता है!

इसलिए मैं यह पुस्तक इस विचार के साथ बंद करता हूँ : आप जो भी करते हों, अपने सपनों को थामे रहें। यह छोड़ने और हार मानने का समय नहीं है! यह मैदान छोड़ने का समय नहीं है! मुश्किल समय क़ायम नहीं रहते, लेकिन जीवट वाले लोग रहते हैं! आपको इस मुश्किल समय को बस सहन नहीं करना चाहिए। आपको तो इस मुश्किल समय में विकास करना चाहिए!

हम एक ऐसे दौर में खड़े हैं, जब इस पल का अधिकतम लाभ उठाना हम पर है। चारों और फैले अवसरों का लाभ उठाना हम पर है। लेकिन जहाँ भी अवसर

हैं, वहाँ चुनौतियाँ भी होंगी और मेरी गुज़ारिश है कि हम न सिर्फ़ इन चुनौतियों से मुक़ाबला करने के लिए उपयुक्त और सक्षम हों, बल्कि इन चुनौतियों को जीतने में भी सक्षम हों और सफलता के ज़्यादा बड़े स्तर पर पहुँच जाएँ। मेरी इच्छा है कि आप विकास करें और इस वर्ष इतना विस्तार करें, जितना आपने सोचा भी नहीं था!

इसलिए मेरा आपसे आग्रह है कि बड़ा सोचें और सकारात्मक पर ध्यान केंद्रित करने का संकल्प लें; नकारात्मक व निराशा फैलाने वाली ख़बरों पर ध्यान केंद्रित न करें। मेरा मानना है कि भविष्य की भविष्यवाणी करने का सबसे अच्छा तरीक़ा इसका निर्माण करना है, इसलिए मुझे यक़ीन है कि यह एक अविश्वसनीय वर्ष होगा! तो उठें, सपने देखें, काम करें, सीमाओं का विस्तार करें और अगले स्तर पर सचमुच जीवन जीने लगें! मेरा आग्रह है कि आप कड़ी मेहनत करें, चतुराई से मेहनत करें और ईश्वर पर भरोसा करें! अंत में मैं प्रार्थना करता हूँ कि आप समृद्ध हों, आपका स्वास्थ्य अच्छा रहे और आपकी आत्मा समृद्ध हो! याद रखें, आप ही वह ख़ास व्यक्ति हैं! अपने सपनों को जिएँ... और जान लें कि आपका सर्वश्रेष्ठ आना अभी बाक़ी है! ईश्वर की आप पर कृपा रहे!

लेखक के विषय में

डॉ. विली जॉली सचमुच पुनर्जागरण काल के व्यक्तियों जैसे हैं! वे पुरस्कार विजेता वक्ता और गायक हैं, बेस्टसेलिंग लेखक हैं और लोकप्रिय रेडियो व टेलीविज़न हस्ती हैं। वे विली जॉली वर्ल्डवाइड के सीईओ हैं। यह पेशेवर विकास संगठन कंपनियों और व्यक्तियों के प्रदर्शन में उत्कृष्टता बढ़ाने पर ध्यान केंद्रित करता है। वे ग़ैर-लाभकारी सेवा संगठन जॉली गुड न्यूज़ के बोर्ड के चेयरमैन भी हैं। 1999 में डॉ. जॉली को टोस्टमास्टर्स इंटरनेशनल ने "विश्व के पाँच उत्कृष्ट वक्ताओं में से एक" घोषित किया था और 2005 में उन्हें द स्पीकर्स हॉल ऑफ़ फ़ेम में शामिल कर लिया गया। वे वॉशिंगटन क्षेत्र (वैमी) के पाँच बार पुरस्कार विजेता गायक हैं। उनके टेलीविज़न कार्यक्रम पीबीएस और सीबीएस टेलीविज़न पर देखे जाते हैं तथा उनके रेडियो प्रसारण वीकएंड पर एक्सएम रेडियो पर और देश भर में असंख्य स्टेशनों पर हर दिन सुने जाते हैं।

वे दो अंतरराष्ट्रीय बेस्टसेलिंग पुस्तकों : *इट ओनली टेक्स अ मिनट टु चेंज युअर लाइफ़* और *अ सेटबैक इज़ अ सेटअप फ़ॉर अ कमबैक* के लेखक हैं।

उनकी नवीनतम पुस्तक *एन एटीट्यूड ऑफ़ एक्सीलेंस* पूरे अमेरिका में लोकप्रिय है। उनका नया "विली जॉली" संगीत अब एप्पल आई-ट्यून्स साइट पर नंबर वन डाउनलोडेड प्रेरक संगीत बन चुका है।

डॉ. जॉली पूरे संसार की शीर्षस्थ कंपनियों और संगठनों के लिए नियमित रूप से व्याख्यान देते हैं। उनके ग्राहकों में वॉल-मार्ट, डेल, फ़ोर्ड, वेरिज़ॉन, मैरियट, ड्यूपॉन्ट, नैबिस्को, शेवरॉन, डोमिनोज़ पिज़्ज़ा, एमवे, प्रूडेंशियल, मैकडॉनल्ड्स, चेज़ मैनहैटन, ऑलस्टेट इंश्योरेंस, पेप्सी, कोका-कोला, स्प्रिंट, बॉडर्स बुक्स, प्रूडेंशियल ऑफ़ ऑस्ट्रेलिया, द अमेरिकन सोसायटी ऑफ़ एसोसिएशन एक्ज़ीक्यूटिव्ज़ और अमेरिकी सेना, नौसेना आदि शामिल हैं। इसके अलावा, युवाओं के लिए उनका प्रोग्राम डेअर 2 ड्रीम अमेरिका के युवाओं में सबसे ज़्यादा बिकने वाले वीडियोज़ में से एक है। डॉ. जॉली ने द अमेरिकन युनिवर्सिटी, वेस्ले थियोलॉजिकल सेमिनरी और द कैलिफ़ोर्निया ग्रेजुएट स्कूल ऑफ़ थियोलॉजी में शिक्षा ग्रहण की। जीवन में उनका उद्देश्य यह है कि वे ईश्वर-प्रदत्त गुणों और योग्यताओं को अधिकतम करने में लोगों की मदद करें, ताकि वे अधिक कर सकें, अधिक बन सकें और अधिक हासिल कर सकें! वे अपनी पत्नी और बेटे के साथ वॉशिंगटन, डीसी में रहते हैं।

अनुवादक के बारे में

डॉ. सुधीर दीक्षित *टाइम मैनेजमेंट, सफलता के सूत्र, 101 मशहूर ब्रांड्स* और *अमीरों के पाँच नियम* सहित सात लोकप्रिय पुस्तकों के लेखक हैं, जिनमें से कुछ के मराठी व गुजराती भाषाओं में अनुवाद हो चुके हैं। इसके अलावा उन्होंने हैरी पॉटर सीरीज़, चिकन सूप सीरीज़ तथा मिल्स ऐंड बून सीरीज़ सहित 150 से भी अधिक अंतर्राष्ट्रीय बेस्टसेलर्स का हिन्दी अनुवाद किया है, जिनमें रॉन्डा बर्न, डेल कारनेगी, नॉर्मन विन्सेन्ट पील, स्टीफ़न कवी, रॉबर्ट कियोसाकी, जोसेफ़ मर्फ़ी, एडवर्ड डी बोनो, ब्रायन ट्रेसी आदि बेस्टसेलिंग लेखक शामिल हैं। उन्होंने मशहूर भारतीय क्रिकेट खिलाड़ी सचिन तेंदुलकर की आत्मकथा *प्लेइंग इट माय वे* का हिन्दी अनुवाद भी किया है।

हिन्दी साहित्य और अँग्रेज़ी साहित्य में स्नातक की उपाधि लेने के पश्चात् डॉ. दीक्षित अँग्रेज़ी साहित्य में एम.ए. तथा पीएच.डी. भी हैं। उनकी साहित्यिक अभिरुचि की शुरुआत हिन्दी जासूसी उपन्यासों से हुई, जिसके बाद उन्होंने अँग्रेज़ी के सभी उपलब्ध जासूसी उपन्यास पढ़े। वे अगाथा क्रिस्टी और आर्थर कॉनन डॉयल के लगभग सभी उपन्यास व कहानियाँ पढ़ चुके हैं।

कॉलेज के दिनों में डेल कारनेगी की पुस्तकों का उन पर गहरा प्रभाव पड़ा। कॉलेज की शिक्षा पूरी करने के बाद डॉ. दीक्षित ने *दैनिक भास्कर, नई दुनिया, फ़्री प्रेस जर्नल, क्रॉनिकल, नैशनल मेल* आदि समाचार पत्रों में कला, नाटक एवं फ़िल्म समीक्षक के रूप में शौकिया पत्रकारिता की। उन्हें म.प्र. फ़िल्म विकास निगम द्वारा फ़िल्म समीक्षा के लिए पुरस्कृत भी किया गया। चेतन भगत और डैन ब्राउन उनके प्रिय लेखक हैं। डॉ. दीक्षित को पाठक sdixit123@gmail.com पर फ़ीडबैक प्रदान कर सकते हैं।

www.ingramcontent.com/pod-product-compliance
Lightning Source LLC
LaVergne TN
LVHW100344051026
849518LV00003B/889
* 9 7 8 8 1 8 3 2 2 7 2 6 1 *